Hilke Schlaeger (Hg.)

Die Herren der Dinge

Vom neuen alten Männlichkeitswahn

Frauenoffensive
aktuell

1. Auflage, 1987

(Kellerstr. 39, 8000 München 80)

ISBN 3–88104–166–4

Satz: Sylvia Seyfried, München
Druck: Clausen & Bosse, Leck
Umschlag- und Buchgestaltung: Elisabeth Petersen, Netterndorf

INHALT

VORWORT

„Was immer an übernatürlicher Autorität, an ‚Göttlichem', an ethischen und moralischen Werten, an Philosophie und Kunst in unserer Kultur enthalten ist, oder, wie T. S. Eliot es einmal ausdrückte, was den Kern einer Zivilisation ausmacht, stammt von Männern." (Kate Millett)

„Männer und männer und namen und namen
unvermutet ein frauenname
sie schreibt ein buch über männernamen"
(Christa Reinig)

Ich möchte eine Geschichte erzählen, die Geschichte von der Entstehung dieses Buches, in dem nicht von Männernamen, wohl aber von Männern die Rede ist und in dem nur Frauennamen vorkommen.

Einige Frauen saßen zusammen und diskutierten friedlich irgendein Projekt, und eine kam zu spät, weiß vor Wut, und sagte, daß sie beinahe einen Unfall gebaut habe, weil sie im Auto an einer Plakatwand vorbeigefahren sei. Was sie da gesehen habe, habe sie so abgelenkt, daß sie ganz versäumt habe, nach vorne zu blicken. Es sei gerade noch mal gutgegangen. Nur als offene sexuelle Gewalt könne bezeichnet werden, wie da eine Frau als Werbemittel verwendet worden sei. Ja, „verwendet" sei das einzige Wort, das sie in dem Zusammenhang benutzen könne.

„Wenn ich es recht bedenke“, sagte sie, „dann geht das jetzt überall wieder los. Im Kino, in den Büchern, in Zeitschriften – überall. Als hätte es den Feminismus nie gegeben, als sei er jedenfalls ohne Spuren geblieben.“

Zu diesem Thema hatte jede der anderen auch etwas zu sagen. Es entstand eine ziemlich lebhafte, auch ziemlich wütende Diskussion. Und weil die Frauen, die da zusammensaßen, einen feministischen Verlag betreiben, war das Ergebnis abzusehen: Wir müssen dazu mal was sagen. Also wurde ich beauftragt, das, was dazu gesagt werden soll, zusammenzutragen.

Als ich begann, über das Thema – Männer, neue Männer gar – nachzudenken, las ich bei Christa Wolf zum Stichwort „Emanzipation“: „Die ‚emancipatio‘ aber, die Entlassung aus der Gewalt des Pater familias, war lange nur für Söhne vorgesehen, und als das Wort endlich, als ‚Emanzipation‘, auf Frauen angewendet wurde (heute noch häufig pejorativ: Du bist wohl eine Emanze?), da hat man – und Frau – diesen Begriff, dessen revolutionärer, radikaler Sinn störte und stört, im Sinn von ‚Gleichberechtigung‘ gebraucht, heruntergespielt und mißverstanden.“

Eben dies, das Mißverstehen, Herunterspielen, war nicht gemeint mit der Forderung der Frauenbewegung an Frauen – und Männer –, ein Ende zu machen mit der Tradition, daß die eine Hälfte der Menschheit der anderen untertan zu sein habe. Weder der „Eintritt in die Welt der Magengeschwüre“ (Betty Friedan) noch die Umkehrung der Gewaltverhältnisse – Unterdrückungsmechanismen nur mit anderem, weiblichem Vorzeichen – waren in den Köpfen jener Frauen, die vor gut fünfzehn Jahren in der Bundesrepublik den Feminismus ausriefen, für Autonomie eintraten, sagten: das Private ist das Politische.

Ja doch, sagten die Männer oder doch einige von ihnen. Ja doch, wir haben begriffen. All die Jahrtausende hindurch haben wir uns falsch verhalten. Aber nun, Schwestern, seid sicher: wir werden uns ändern.

Der neue Mann, nach dem Ina Deter noch singend verlangte – als Erscheinung ist er längst da. Die einschlägige Literatur füllt auch schon wieder Meter kostbaren Raums im Bücherregal. Ausgerechnet in der konservativsten der im Bundestag vertretenen Parteien wurde die These erfunden, daß weibliche Werte wie Weichheit und Zärtlichkeit und Mütterlichkeit gut seien für die Politik und für Männer und für Frauen. Lauter sensible Träumer, lauter Männer, die an der Brutalität dieser Welt leiden und alles daransetzen, sich und die Welt menschlicher, also weiblicher zu machen. Lauter „neue Männer“? Lauter friedlich gewordene Bekehrte?

Während die Ober- und Überfeministen sich die Mütterlichkeit zu eigen und damit auch die zu einer „neuen“ machten, haben sie geduldet, daß Frauen, die im Parlament das Wort ergreifen, auf eine Weise angepöbelt wurden und werden, wie sie schon aus Gründen des guten Benehmens mit der sogenannten Würde des Hohen Hauses eigentlich nicht vereinbar sein dürfte. Die SPD-Bundestagsabgeordnete Renate Schmidt hat von ihren männlichen Kollegen gesagt, daß deren Zwischenrufe an Quantität zu- und an Qualität abnehmen, sobald eine Frau das Rednerpult betritt. An den Tumult im Bundestag, als Waltraud Schoppe von den Grünen ihre erste Rede hielt – über den alltäglichen Sexismus im Parlament, unter anderem –, erinnern wir uns alle noch allzu gut.

Aber, um noch einen Augenblick bei der Politik zu bleiben, es geht nicht nur um die äußeren Erscheinungen, die zutiefst mißtrauisch machen, wenn die Rede kommt auf die Inanspruchnahme weiblichen Verhaltens – oder dessen, was die Herren dafür halten – für die Regeln parlamentarischen Umgangs. Es geht auch um die Strukturen, mit denen z. B. nach der mit den Stimmen der Frauen – auch den Stimmen der Frauen – gewonnenen Wahl der vorher für unveränderbar erklärte Paragraph 218 in seiner jetzigen Fassung erneut zu einem Instrument der Macht umfunktioniert werden soll. Die Gefahr, daß Frauen selber entscheiden, wann ein Kind auf die Welt kommt, muß unter allen Umständen verhindert werden, denn es geht nicht an, daß diejenigen Bevölkerungspolitik machen, denen dies von Natur aus zugedacht ist. Von der Bundeswehr bis zu den Renten geriete ja alles ins Schleudern, was von den Herren ausgedacht worden ist. Daß es schlecht ausgedacht sein könnte, daß bessere Lösungen denkbar wären – ein Gedanke, der nicht sein darf.

Aber, höre ich an dieser Stelle einen Einwand, wer wird denn so einfältig sein, ausgerechnet in der Politik die neuen Männer zu vermuten? In der Gesellschaft, im Alltag mußt du nachsehen, unter deinen Freunden, den Männern deiner Freundinnen. Wo, wenn nicht dort, wären die Spuren zu entdecken, die die von den Feministinnen angezettelte Verunsicherung hinterlassen hat?

Ich habe sie nicht finden können, die Beweise für eine Hypothese dieser Art. Was ich gefunden habe: ein paar, die ihre Kinder mögen und ihre Frau nicht verprügeln, und viele, die zu Hause eine blasse Gastrolle geben. Ein paar, die sagen: Gut, wenn du heute zu müde bist, weil du ebenfalls einen anstrengenden Tag hattest, dann füll' eben ich die Waschmaschine. Und viele, die mühsam mit der Meinung hinterm Berg halten, die Mutter gehöre ins Haus und eigentlich lohne sich das zusätzliche Gehalt sowieso nicht. Ganz gewöhnliche Mittelschichtserfahrungen also, deren Bestätigung sich in der „Brigitte"-Studie über die Männer zwischen zwanzig und fünfzig in den achtziger Jahren nachlesen läßt.

Und dann waren da noch ein paar Exzentriker, solche, die am liebsten die Kinder, die sie bisher nur zeugen dürfen, selbst auf die Welt gebracht hätten. Solche, die, mühsam ertragend, daß das noch nicht geht, im Streitfall wenigstens das Sorgerecht in Anspruch nehmen. Solche, die so tun, als wollten sie die besseren Frauen sein. Aus diesen Männern, so vermute ich, rekrutieren sich jene, die tagsüber in ihren Labors daran werkeln, nicht den neuen Mann, sondern gleich den neuen Menschen in der Retorte zu erzeugen.

Männlichkeit sei etwas sehr Zerbrechliches, hieß es kürzlich auf einem Psychologenkongreß zur Bedeutung des Vaters für die Entwicklung von Jungen. Ein Psychotherapeut ging deshalb so weit, zu behaupten, daß eigentlich jeder Junge zweier Väter bedürfe: eines biologischen, der bei der Ablösung von der Mutter behilflich sein müsse, und eines geistigen, der dem Heranwachsenden „Energie, Härte, Aggressivität, Stolz und Kampfesmut" beizubringen habe. Sonst würden aus den kleinen Jungen später nur Softies, die dazu neigten, Schutz bei starken Frauen zu suchen. Eine schreckliche Vision.

Wenn dreizehn Frauen in diesem Buch also darangehen, sich mit dem Erscheinungsbild heutiger Männlichkeit anzulegen und die dahinter vemuteten Ursachen zu analysieren, dann kämpfen sie, so könnte bösartig vermutet werden, in doppelter Hinsicht gegen Windmühlenflügel. Denn erstens ist der neue Mann ein Phantom, und zweitens ist ohnehin alles vergebens.

Ich bin nicht dieser Meinung. Ich antworte darauf – und ich denke, die Aufsätze dieses Buches treten den Beweis dafür an –, daß sich tatsächlich in der Männerwelt etwas verändert hat und daß dies ein Ergebnis der Frauenbewegung ist, genauer: der Veränderung, die die

Frauenbewegung in den Frauen hervorgerufen hat. Frauen, so benachteiligt sie in allen Bereichen auch noch sein mögen, nehmen den öffentlichen Raum für sich in Anspruch. Sie reden, wenn auch allzu oft und meist sehr unflätig von männlichen Zwischenrufern unterbrochen. Sie reden von sich, von ihren Körpern und Seelen und von den Verletzungen, den Beschädigungen, die die ganz normalen Männer ihnen zugefügt haben. Diese Beschädigungen bleiben oft ein ganzes Leben, denn den männerfreien Raum gibt es nur in Ausnahmefällen.

Darauf, daß viele Frauen begonnen haben, öffentlich von sich zu sprechen, reagieren Männer so, wie ihrer Behauptung nach nur Frauen reagieren: nämlich in hohem Maße emotional, wütend. Die Zunahme aller Formen von Gewalt, die wir beobachten können – in der Familie, in der Öffentlichkeit, auch in Büchern und Filmen, die geradezu eine Ästhetik der Gewalt formulieren –, läßt sich vielleicht damit erklären. Unsere angeblich so kühlen und rationalen Brüder, Väter, Männer, Freunde und Kollegen geraten völlig aus der Fassung und wissen sich nicht anders mehr zu helfen, als daß sie um sich schlagen.

So also sehen die Spuren aus, die der Feminismus bisher bei den Männern hinterlassen hat. Damit müssen wir uns auseinandersetzen, wenn wir nicht hinter uns selbst zurückfallen wollen.

Männerbilder: Der sogenannte neue Mann ist ein von Männern – und, leider, auch Frauen – inszeniertes Ereignis. Mit der Realität hat das wenig zu tun. Ob wir ins Fernsehen blicken oder uns auf der Straße umsehen: von Schönheit keine Spur. Warum aber die Inszenierung stattfindet, welche Bilder Männer von sich haben, davon handelt das erste Kapitel. Und von den Bildern, die Männer von Frauen haben.

Männerbünde: Eines der wichtigsten Mittel, mit deren Hilfe die männliche Welt funktioniert, ist die männliche Solidargemeinschaft. Die Kumpanei. Die Seilschaft. Selbst dort, wo wir sie eigentlich nicht vermuten. Im politischen Raum haben wir deshalb nicht die klassischen Parteien als Beispiel genommen, sondern die Grünen, die Quotenpartei. Nicht das allseits bekannte Drama der Lehrstühle für Frauenforschung beschreibt die Realität an Hochschulen heute, sondern die Abwesenheit von Frauen im ganz normalen Betrieb einer Hochschule der Künste. Quotierung ist die einzige Möglichkeit, den funktionierenden Bund aufzubrechen.

Männerbewegung: Einige wollten sich ja wirklich ändern. Aber es ist ihnen nichts anderes eingefallen, als bei den Frauen abzugucken. Und das hat zur Folge, daß sie den Frauen nun auch alles wegnehmen wollen. Die medienwirksamen neuen Väter sind so ein Fall.

Wenn Frauen auf all das antworten wollen, ist Genauigkeit gefragt. Was und wie es benannt werden muß, worauf der Finger zu legen ist, ist an erster Stelle die Gewalt im Verhältnis der Geschlechter. Oder, um noch einmal Christa Reinig zu zitieren: „Von dieser welt gehört uns / nicht einmal der staub / wenn wir tot sind, begräbt man uns / in die erde unserer feinde.“

Wenn wir mehr wollen als das, wenn wir etwas anderes wollen, können wir uns nicht friedlich verhalten. Es gibt nur diese eine Welt. Auf ihr ein Leben zu führen, das diesen Namen auch verdient, setzt die Konfrontation voraus.

Berlin, im Juli 1987 Hilke Schlaeger

Männerbilder

Heide Soltau

FAULER ZAUBER: DES MANNES NEUE KLEIDER

Ein Schauspiel in fünf Aufzügen

ERSTER AUFZUG

„Männer"VOGUE oder „Der Mann" nennen sie sich schlicht und ohne Schnörkel und werben um die Gunst der Herren. Die weibliche Version dieser Journale kursiert unter Namen wie „Brigitte", „Bella", „Nicole" oder „Freundin". Männer hingegen bedürfen des schmükkenden Beiwerks eines Vornamens nicht, ihnen genügt der Klang ihres Geschlechts. Zudem geriete der interessierte Käufer beim Lesen eines „Detlev", „Mario", „René" oder „Freundes" in ein ganz falsches Licht. „Der Mann" oder „Männer", das reicht.

Der Titel ist ebenso einfach wie verblüffend markant und gewichtig, ein Privileg des männlichen Geschlechts, wie die Gegenprobe zeigt. Ein Magazin namens „Frauen"VOGUE wäre unverkäuflich, weil damit entweder ein Emanzenblatt oder etwas bieder Frauliches assoziiert würde. „Die Frau" wiederum klingt billig und nichtssagend, weshalb denn auch die französische Ausgabe auf dem Markt ist: „Madame", ein Synonym für Raffinement, Extravaganz und Chic. Derlei Umschreibungen gereichen dem Herrn eher zum Nachteil. Mit den Franzosen steht er seit eh und je auf konkurrierendem Kriegsfuß, und erst die Pariser, nein, für die konnte er sich noch nie erwärmen. Zudem tut sich der deutsche Michel mit dem hingehauchten H von *homme*, dem *Asch aspiré*, sehr schwer, ihm geht das zweisilbige Männer doch besser über die Lippen, zumal sich das M genüßlich in die Länge ziehen und je nach Bedarf entweder weich oder energisch skandieren läßt. „Mann“ und „Männer“ jedenfalls geben sich kraftvoll, seriös und vor allem solvent. Immerhin darf man für das Vergnügen mehr als einen Heiermann hinlegen, und wer den Weisungen der Redaktion Folge leisten will, muß schon zu den überdurchschnittlich gut Verdienenden gehören. Der Preis bürgt eben für das rechte Image.

„Der Mann“ läßt sich die Lust am neuen Outfit etwas kosten, aber er hat auch einiges nachzuholen. Lange Zeit war er das Stiefkind der Mode und hatte im Zuge des Fortschritts immer mehr Federn lassen müssen, bis schließlich alles hinter grauem und schwarzem Tuch verschwunden war, Fehler wie Vorzüge. Wehmut mußte den Ästheten überkommen, der an den reichen Schmuck seiner Vorfahren dachte, an elegante Beinkleider, Jacken voller Zierrat, an gelocktes, gepudertes und zuweilen von einer Schleife zusammengehaltenes Haar. Schönheit gepaart mit Diskretion. Wie war die gute alte Zeit doch gnädig mit ihm umgegangen! Kostbare Perücken verbargen die Glatze, und wattierte Schultern korrigierten die Mängel der Natur. Die bunte Pracht vermochte selbst dort noch Aufsehen zu erzeugen, wo die Schöpfung versagt hatte.

Und was war von dem ganzen Zauber geblieben? Nichts. Nur den Frack hatte man ihm gelassen, nur der erzählte vom Glanz einer fernen Epoche. Die langen Schöße streckten vorteilhaft die Figur, rückten optisch zurecht, was das Wohlleben verformt hatte, und gaben seiner Silhouette den sonst entbehrten anmutigen Schwung. Ganz Glückliche durften sich bei dieser Gelegenheit einen Orden an die Brust heften und den Blick des Betrachters geschickt vom Schwachpunkt Bauch auf Ehre und Leistung lenken – wohl ein Grund, warum die Orden so freigiebig verteilt wurden. Ansonsten gestand ihm der Herrenausstatter lange Zeit nur Dezentes zu: Mal Zweireiher und lange Revers, mal Hosen mit oder ohne Aufschlag. Die männliche Phantasie blieb auf den Binder reduziert, die farbige Krawatte mit Streifen und Tupfen, von denen Liebhaber oft mehrere Dutzend ihr eigen nannten. Aber was war das kleine Stückchen Stoff gegen das reichbestickte Wams? Glich es nicht eher einem Lätzchen und raubte ihm, korrekt geknotet, dazu noch die Luft? Ganz zu schweigen von den lästigen Speckrollen, die sich immer wieder über den steifen Kragen schoben. Die Mode hatte ihn wirklich stiefmütterlich behandelt, ihr Augenmerk ganz auf das weibliche Geschlecht gerichtet.

Inzwischen hat er einiges nachgeholt. In Paris kann er Slips für 300 Mark und mehr erstehen, die durch raffinierten Schnitt perfekten Sitz garantieren. In London fertigen Schneider ausgefallene Hemden nach Maß an, und italienische Designer bringen zweimal im Jahr eine neue Kollektion auf den Markt, die ihn zu verschiedenen Farb- und Formexperimenten verführt. Dazu gibt es zahlreiche Pflegeserien: duftende Essenzen für's Bad, geschmeidige Öle für den Körper, Falten vorbeugende Nacht- und feuchtigkeitsspendende Tagescremes sowie x Wässerchen, die die Rasur in ein betörendes Erlebnis verwandeln. I-Punkt des neuen Outfits ist das Parfum, unter dessen Duftnoten ihm die Auswahl zunehmend schwieriger wird. Wenn dann die zahlreichen Tips und Tricks nicht zum Erfolg führen, wenn Masken und Massagen, Crèmes und Créationen nichts nützen, stehen Chirurgen bereit und korrigieren die Mängel, die die Ahnen noch kunstvoll unter Plund und Puder verbergen mußten. Ohne Frage, der Fortschritt hat endlich auch den Körper des Mannes erreicht und ihm seine modische Note verliehen.

Beim Lesen der Tips und Trends für den Mann stellt sich bald die Frage nach dem Sinn und Zweck dieser langwierigen Prozeduren. Das Schwelgen in den schönen Dingen nämlich ist für den, der den Weisungen folgt, längst keine pure Lust mehr, sondern harte Arbeit. Bis das richtige Outfit gefunden, die passende Hose und das chice Hemd aus dem überreichen Angebot ausgewählt sind, bis der Körper gepflegt und gesalbt die gewünschte Ausstrahlung hat, sind viel Zeit und Aufmerksamkeit investiert worden. Frauen wissen das, und sie wissen auch von den schlaflosen Nächten, die ihnen Modefragen schon bereitet haben. Aber daß sie sich unter dieses Diktat begaben, hatte immerhin noch einen Sinn, zumindest wenn wir Eduard Fuchs, dem renommierten Sittengeschichtsschreiber der Jahrhundertwende, Glauben schenken wollen. „Die Kleidung der Frau ist nur ein erotisches Problem", heißt es 1906 in seinem umfangreichen Werk „Die Frau in der Karikatur", sie dient der Hervorhebung der „sekundären Geschlechtsmerkmale". Aufgrund ihrer gesellschaftlichen Stellung unterwerfe sich die Frau der „unerbittlichen Logik" der „Modemoral": „Die passive Rolle im Geschlechtsleben zwingt die Frau, die Mode zu ihrem wichtigsten Werbemittel im Kampf um den Mann zu erheben, denn durch die Kleidung vermag sie die wirkungsvollsten Effekte zu erzielen."[1]

Sollten sich die Zeiten gewandelt haben und Männer ihrerseits nun um die Gunst der Frau buhlen müssen? Konnten sie nicht immer der Zuneigung des weiblichen Geschlechts sicher sein, auch ohne die Kinkerlitzchen wechselnder Moden? Reichten nicht Ruhm und Ehre, um ans Ziel zu gelangen? Hatte nicht jeder Dickbauch schließlich und endlich den gewünschten Erfolg, und zählten bei ihm nicht vor allem die „inneren Werte", sprich seine Position auf der gesellschaftlichen Stufenleiter? Was war die Frau ohne den Mann? Wollte sie sich vollständig fühlen und anerkannt sein, bedurfte sie der sogenannten besseren Hälfte.

Freilich, leicht war es ihm nicht gefallen, die Schönheit ganz dem anderen Geschlecht zu überlassen, und hätten die Vorfahren gewußt, was sie ihren späteren Söhnen antaten, als sie vor 200 Jahren die Geschlechtsrollen endgültig definierten, sie wären wohl mit mehr Vorsicht zu Werk gegangen. Aber daß vom feudalen Glanz für Ihn so wenig übrigbleiben würde, konnten die Altvorderen nicht ahnen. Wer hätte damals schon voraussehen können, wie die Bewegung der Frauenzimmer den Männern einmal zu schaffen machen würde? Kant, Schopenhauer oder Hegel jedenfalls hätten staunend ihre weisen Häupter geschüttelt, wenn jemand die Behauptung aufgestellt hätte, daß die Kleidung des Mannes am Ende des 20. Jahrhunderts zu einem erotischen Problem werden würde und das männliche Geschlecht einmal gezwungen sei, die Mode als Werbemittel um die Gunst der Frauen einzusetzen.

ZWEITER AUFZUG

1930 erschien von J. C. Flügel, einem in den USA tätigen Psychoanalytiker, eine Untersuchung zur Psychologie der Kleidung. Flügel stellte dort eine Behauptung auf, die wie auf den aktuellen Trend gemünzt zu sein scheint und eine überraschende Perspektive eröffnet: „Wenn der Mann seinerseits seine Reize ein wenig mehr hervorkehren würde, hätte die Frau einen größeren Antrieb, um eine andersgeschlechtliche Objektwahl zu treffen und ihren Narzißmus zu bekämpfen.“[2]

Die „Männer“ scheinen den Appell Flügels beherzigt zu haben, wenn auch in Unkenntnis seiner Theorie. Daß sie ihre Reize mehr als bisher hervorkehren, darüber besteht kein Zweifel. Sie schmücken und pflegen sich, und sie betonen vorteilhaft spezifisch männliche Attribute. Da ist, um ein Beispiel zu nennen, immerhin eine Technik entwickelt worden, die es ihm erlaubt, rasiert zu sein und dennoch einen Hauch dieses unverwechselbaren und nur sein Gesicht auszeichnenden Schmucks zur Schau zu stellen. Und weiter: Welcher Mann würde es heute noch wagen, Ihr in schlabberigen Unterhosen entgegenzutreten? Selbst seinen herben Geruch, auf den er früher stolz war und der als Zeichen von Sportlichkeit und Vitalität galt, muß er nun übertünchen und mit Duftnoten den verwöhnten Damennasen anpassen.

Sie ist anspruchsvoll geworden, das hat Er zu spüren bekommen. Peu à peu hat Sie dem Mann seine Privilegien streitig gemacht: erst die höheren Schulen, dann die Universitäten und das Wahlrecht, schließlich die Plätze in der Arbeitswelt und heute sogar einzelne Posten auf den höheren Etagen. Unersättlich greift sie nach den Sternen, verweigert hier und da schon mal die tägliche Pflicht und läßt ihn allein seine Stulle schmieren. Ihre häufigen Treffs mit Freundinnen und Bekannten lassen ihn bisweilen in die zweite oder sogar dritte Reihe rükken. Jedenfalls kommt Sie, das ist seine Angst, inzwischen recht gut auch ohne ihn aus.

Gegen derlei Gesinnungswandel hilft nur eins, man muß die Frauen an die verlorengegangenen Werte erinnern und dicker auftragen als in den vergangenen Jahrzehnten. Und wer im Grunde seines Herzens Soldat geblieben ist, erinnert sich der alten militärischen Strategie: Den Feind bekämpfen, heißt zunächst, ihn kennenzulernen und sich dann einiges von ihm abzugucken.

Um den Objektwechsel vorzubereiten, um das Interesse von Frauen für Ihn zu wecken, mußte sich der Mann zu Frauen in die Lehre begeben, schließlich hatten sie das handwerkliche Know-how. Schmücken und Schminken waren ihre Domäne, sie wußten die chicen Modelle und den letzten Schrei trendgerecht zu präsentieren. So erstaunt es nicht, daß das weibliche Geschlecht in den Redaktionen der neuen Männermagazine überdurchschnittlich hoch repräsentiert ist. „Der Mann", eine Zeitschrift, die schon seit knapp 20 Jahren auf dem

Markt ist und erst in den letzten Jahren, nachdem der Stil verändert worden ist, von sich reden macht, hat eine Chefredakteurin, und „Männer“ wirbt mit dem Zusatz „Vogue“ auf dem Titel, dem Synonym für die elegante Dame mit gehobenen Ansprüchen. Daß Er dieses Prädikat übernahm, zeigt, daß er die langjährige Erfahrung und Kompetenz des weiblichen Geschlechts noch braucht. Wer Frauen ausstaffiert und zum Kauf exquisiter Artikel motivieren kann, kennt eben die nötigen Tricks, die Ihm fehlen. Ein Teil der Redakteurinnen, die von „Vogue“ zu „Männer“ wechselten, durfte sogar aufsteigen. Wo wäre Frauen sonst diese Ehre zuteil geworden? Doch um sich wieder ins Spiel zu bringen und um auf dem Markt der Möglichkeiten zu bestehen, ist der Mann bereit, gegen alte Prinzipien zu verstoßen und einmal Frauen die Führung zu überlassen. Vorübergehend, versteht sich.

DRITTER AUFZUG

Wer die teuer aufgemachten Magazine für Ihn durchblättert, wird feststellen, daß sich die „Männer“ einiges vom anderen Geschlecht abgeguckt haben. Strammstehen und heldenhafte Leistung sind nicht mehr gefragt, ebensowenig wie der gerade und siegesbewußte Blick. Die Modelle posieren in lockerer Haltung. Ihre Gesichter wirken nachdenklich, manchmal sogar vergrübelt, und wer ein strahlendes Lächeln sucht, wird enttäuscht. Die abgebildeten Männer ringen sich allenfalls zu einem vorsichtigen Lächeln durch. Kaum einer von ihnen steht gerade aufgerichtet, ihre Körper beschreiben vielmehr eine sanfte, nach vorn geneigte Linie. Wie schutzsuchend kuscheln sie sich in weite Sakkos aus fließenden Stoffen, legere Mäntel und Pullover aus kostbaren Materialien. Oft haben sie die Hände tief in den Taschen vergraben. Während ihre älteren Heldenbrüder noch vor Selbstbewußtsein strotzten, geben sie sich zurückhaltend und introvertiert. Diese fast scheu wirkenden Gestalten sehen nicht so aus, als wollten sie irgendwelche Abenteuer bestehen – und sie könnten es auch nicht. Denn wie es scheint, haben sie kein jahrelanges Training im Fitness-Center hinter sich, haben keine Erfahrungen im Fällen von Bäumen und im Einfangen wilder Pferde. Sie haben auch noch nie die Wüste auf verwegenen Pfaden durchquert. Ihre Sache ist eher der romantische Ausflug, der kleine Abstecher in die gezähmte Wildnis eines großen Gartens. Die Natur, der sie sich aussetzen, gleicht einer ästhetischen Kulisse. Wenn es denn doch mal gefährlich werden sollte, sind sie auf Hilfe angewiesen, und die wird ihnen kaum jemand abschlagen können.

„Der Mann" orientiert sich an der Ästhetik des Weiblichen. Ganz wie sein frauliches Gegenstück zeigt auch er Schwäche und Gefühl. Gefallen sind die Hüllen harter Männlichkeit und das übliche Beiwerk aus Freiheit und Abenteuer. Diese Männer haben sich der Attribute des Fortschritts entledigt, haben das abgelegt, was gemäß der Geschlechtsrolle ihnen zugeschrieben wurde, und scheinen nun sich selbst darzustellen. Nackt und bloß, bar aller verpanzernder Einkleidungen, stehen sie da, und ganz Mutige, die Pioniere der „Männer", tragen inzwischen sogar das Adamskostüm.

Schön sind sie, glatt und jung – ein ästhetisches Vergnügen nach den Kraftakten der vergangenen Jahrzehnte, während derer nur Abenteurer oder korrekte Angestellte gefragt waren und man alles Weiche, Glatte und Schwache eliminiert hatte. Nicht der Sensible war en vogue, sondern der Durchhaltetyp. Was sich heute in den Herrenmagazinen hochglanzpoliert zur Schau stellt, wäre früher verpönt gewesen. Weibisch hätte man sie genannt und als eitle Gecken oder gar Memmen bezeichnet. Daß diese ehemals Verfemten jetzt ihre große Stunde haben, ist nicht nur ein raffinierter Trick der Werbung, die zwecks Profitmaximierung neue Produkte der Bekleidungs- und Kosmetikindustrie an den Mann bringen will. Die Mode nimmt lediglich Trends auf, zitiert das schon Gewesene und montiert es ungeniert neu zusammen. Sie selbst schöpft nichts genuin Neues. Womit der Mode keine Rüge erteilt werden soll, auch das Zitieren will bekanntlich gelernt sein.

Die Metamorphose des Mannes begann schon vor Jahren. Seine Haarpracht wurde länger, blaue Hosen umschlossen stramm die Figur und erinnerten an die Korsetts der Damen von anno dazumal. Eine seltsame Mischung: oben die weicher werdende Linie bis hin zur Kopie des Weiblichen, unten das pralle Gegenteil, das keinen Zweifel an der Männlichkeit aufkommen ließ. In den folgenden Jahren variierte er diese Tracht. An Hemden zeigten sich erste Spielereien, second-hand, natürlich, und rein zufällig hatte dies und das eine Biese, blitzte hier und da ein feines Knöpfchen. Bald schlang er sich bunte Tücher um den Hals und schlüpfte in bequeme weite Hosen aus Naturfaser. Ganz Mutige ließen sich einen Knopf ins Ohr montieren, aus gesundheitlichen Motiven, wie manch einer zunächst noch verschämt behauptete und etwas von Edelmetall und Akupunktur murmelte.

Die Hippies, Freaks und Alternativen bahnten dem neuen Mann den Weg. Nach den Jahren der Verbürgerlichung, nachdem sich das männliche Geschlecht die Tendeleien mit Samt und Spitzen verboten hatte, rebellierte die Jugend gegen die selbstverordnete Beschränkung hinter Schlips und Kragen und begann, mit dem Flitter der Frauen zu kokettieren. Damit orientierten sich Männer einmal mehr am weiblichen Geschlecht. Frauen hatten seit Beginn ihres Emanzipationskampfes mit den Beinkleidern der Herren geliebäugelt, denn sie wollten nicht nur geistige, sondern auch Bewegungs-Freiheit.

Daß die Mode tendenziell eine „untergründig kommunizierende Explosivkraft" besitzt und ihre Impulse aus den Subkulturen und sozialen Protestbewegungen bezieht, hatte schon Walter Benjamin festgestellt.[3] In der Mode verbirgt sich – unbewußt – die Sehnsucht nach Ausbruch aus der sozialen Ordnung, nach Aufhebung der Rollenzwänge und nach Freiheit des Subjekts. Was aber für Frauen eine Funktion hatte und mit politischen Forderungen verknüpft war, schließlich wollten sie ein Stück vom männlichen Kuchen, ist für den Mann nur eine Attitüde. Im selben Maße, wie er äußerlich die weiche Seite herauskehrt, beharrt er um so vehementer auf seinen Privilegien. Er will nur Anteil haben am Kostümfest der Damen, die Frauenrolle und die damit zusammenhängenden Aufgaben tastet er nicht an. Die Kinder, das Haus und den Dreck überläßt er nach wie vor dem weiblichen Geschlecht. Nur sanfter als früher, duftend und angetan mit duftigen Hüllen, verweigert er sich den anstrengenden Zeremonien der täglichen Reproduktion. Sein zarter Teint könnte leiden, die gepflegten Hände Risse davontragen, wenn er sich etwa der Banalität der Wohnungsreinigung hingäbe. Die Feminisierung des Mannes ist nichts als eine Maske. Aus dem Protest gegen die Gesellschaft ist heute eine ästhetische Regression auf das „lächerlich Luxuriöse abgelebter Moden" geworden.[4] Mögen manche, wie Peter Gorsen, im Unisex der Endsechziger und Siebziger, in den von Männern und Frauen bevorzugten Jeans und langen Haaren, noch utopische Momente von einer Versöhnung der Geschlechter erkannt haben, so ist davon heute nichts mehr übrig. Diese Hoffnung linker Kulturkritiker hat sich zerschlagen. Die Rebellion der sich von Schlips und Kragen befreienden Jugend mündete im Konsumrausch. Der Mann trägt das Feminine wie ein modisches Kleid.

VIERTER AUFZUG

„Wie gefällt ihnen Care, meine Damen?“ prangt über der Anzeige für eine Duftnote, auf denen uns ein Adam seinen entblößten Leib entgegenreckt. Er gilt als der erste männliche Werbeakt. Doch ganz so eindeutig, wie es dieser sich dem anderen Geschlecht präsentierende Schöne glauben macht, geht es nicht zu auf den hochglänzenden Seiten. Der Schein der Oberfläche trügt. Hinter dem Wink an die Frauen steckt noch eine andere Geste, aber um die zu entziffern, müssen wir uns hinter die Bühne begeben. Dort, in dem der Öffentlichkeit abgewandten Teil spielt sich ein Schauspiel ganz anderer Art ab. Dort findet ein Fest statt, dort schwelgen „Mann“ und „Männer“ im Anblick des eigenen Ego, und die Emphase, mit der sie sich diesem Spiel hingeben, gleicht einer narzißtischen Feier. Die schönen Werbebilder erzählen also nicht nur von der Sehnsucht nach dem anderen Geschlecht, in ihnen ist ebenso die Sehnsucht nach dem eigenen Geschlecht enthalten. Die sich selbstverliebt spiegelnden Schönen appellieren an das latente homosexuelle Begehren des männlichen Publikums. Freilich geschieht das auf subtile Art, ohne daß sich manifeste Hinweise finden ließen. Die Herrenmagazine wenden sich schließlich an „seriöse“ Käufer und nicht etwa an Schwule. Sie sprechen den „richtigen“ Mann an.

Mögliche Zweifel an seiner Geschlechtsidentität und Unsicherheiten mit der männlichen Rolle werden schon mit den Titelbildern ausgeräumt. Sie zeigen in der Regel Stars, die das traditionelle Ideal der Männlichkeit repräsentieren: den Casanova Marcello Mastroianni, den Bergsteiger Reinhold Messner oder den Schauspieler und Filmproduzenten Michael Douglas, der so nebenbei „die Herzen der Frauen bricht“, wie die Redaktion von „Der Mann“ zu berichten weiß und ihn als Typ eines smarten Jungmanagers vorstellt. Beruf und Erfolg müssen die neue weiblich-weiche Linie legitimieren und sollen auch die letzten Zweifler motivieren, ihre Hemmungen angesichts des verordneten Trends abzulegen. „Männer“ und „Der Mann“ gehen auf Nummer sicher. Titel und Cover knüpfen am Vertrauten an und servieren Ihn im traditionellen Kostüm von Freiheit und Abenteuer. Wer am Spiel mit der neuen Männlichkeit teilhaben will, muß, wie ein Tor, erst das Cover passieren und sich in das Innere der Hefte begeben.

Diese Strategie wiederholt sich in den Anzeigen. Man wahrt den Schein. Sind die Modelle entkleidet, spielen sie gern auf die Antike an und erinnern damit an das ferne Reich der Griechen und Römer. Damals wurde, wie jedermann weiß, der männliche Körper ohne Scheu nackt dargestellt, und damals pflegten Männer ebenso ungeniert ihre Liebe zu Knaben. Die Anklänge an die klassische Ästhetik suggerieren: Hier geht es um Kunst und Schönheit und nicht etwa um zweifelhafte Neigungen. „Men's Classic“ heißt denn auch ein neu kreierter Duft, der mit einem wohlgebauten Diskuswerfer in seinem Emblem wirbt. Chanel reizt gleich auf doppelte Weise. Antaeus nennt sich das kostbare Eau de toilette und erinnert mit seinem Namen an Antinous, den Geliebten des Kaisers Hadrian. Mehr noch als der Klang des Wortes aber steht das Bild im Zeichen dieser Tradition. Es zeigt einen Mann von hinten, der einen überlebensgroßen Pokal in die Höhe stemmt. Lichtreflexe lassen die Muskeln hervortreten und geben seiner Haut einen matten Glanz. Ein weinrotes Tuch verhüllt seine Lenden, und als wollte er verhindern, daß es verrutscht, hält er es mit seiner rechten Hand. Ein edles Farbspiel entfaltet sich vor dem Betrachter: Das Tuch, der sonnengebräunte Rücken und der schwarze Pokal mit verspiegeltem Fuß harmonieren perfekt und erzeugen eine knisternde Spannung. Im Mittelpunkt steht der Flakon. Er beherrscht das Bild, aber auf subtile Art verweist er auf den männlichen Körper, genauer auf seinen intimsten

Teil: die Sexualität. Die verspiegelte Spitze nämlich zeigt wie ein Pfeil nach unten, und wer dem Faltenwurf des weinroten Tuches folgt, hat die Verbindung hergestellt: die Beziehung zwischen Sex und Duft. Das die Lenden umhüllende Tuch bildet die Brücke zwischen verborgenem Unterleib und verschlossenem Duft. Ein Zeichen steht für das andere: Duft und Sex und Sex und Duft. Wenn der Held seine Pose vollendet und den Flakon in die Höhe gestemmt hat, wird der Sieg erreicht und auch der männliche Körper entblößt sein. Es ist ein ästhetisches Verfremdungsspiel mit der Ikonographie der Antike. Das Bild spekuliert auf den Sieg, es ist Sache des Betrachters, die Geste der Erinnerung entsprechend zurechtzurücken, sie zu vollenden und den Helden damit zu enthüllen.

Die Mode bringt einen Roman hervor, die Bilder erzeugen Geschichten, schrieb Roland Barthes 1967. Antaeus erzählt einen solchen Roman: vom Mann, vom Sieg und von seiner, primär auf sich und sein Geschlecht gerichteten Sexualität. Ein weiteres Indiz für die latente Homoerotik ist der verspiegelte Fuß des Pokals, mit dem der Zwilling des Modells ins Bild kommt. Bild und Träger berühren sich, Flakon und Duft bringen sie zusammen, und es entsteht ein Paar.

Die Werbung entfacht ein erotisches Augenspiel zwischen Bild und Betrachter. Der Konsument wird zum Voyeur eines heimlichen Begehrens. Die Bilder spielen auf versteckte Art mit verbotenen Lüsten, sie irritieren und durchkreuzen die gewöhnlich auf das weibliche Geschlecht gerichtete Schaulust der Männer. Neu und ungewohnt sind die Impulse, die von diesen Bildern ausgehen, und – sie lassen Angst und Scham entstehen. Zu lange ist die Homosexualität strafrechtlich verfolgt worden, haben gesellschaftliche Diskriminierungen Abwehrmechanismen erzeugt. Zensur wurde zur Selbstzensur und verdrängte die Lust am eigenen Körper und am eigenen Geschlecht. So müssen die Bilder und Magazine ihre Kunden beruhigen und ihnen aus der Verlegenheit helfen. Über die symbolische Ordnung von Schrift und Sprache wird die außer Rand und Band geratene Phantasie wieder zurechtgerückt. Nicht zufällig betonen die den Bildern beigegebenen Texte die kräftige männliche Note von Holz und Leder oder heben die „Linie dezent parfümierter, effizienter Produkte für den Mann" hervor. Und wo von Effizienz die Rede ist, wo Materialien wie Holz und Leder ins Spiel kommen, ist die Welt wieder im Lot. Dort bewegt Er sich auf vertrautem Terrain: im Alltag einer geschäftigen und geschäftlichen Normalität. Vorbei ist der Augenblick der Irritation. Wort und Schrift haben die inneren Bilder verdrängt und die ungehörigen Phantasien verwischt.

Nun gehen die versteckten Signale an das homoerotische Begehren keineswegs nur von denen aus, die sich nackt dem Betrachter darbieten. Homoerotik spielt auch auf anderen Bildern eine Rolle, zum Beispiel bei der Inszenierung von kleinen Gruppen. Dabei handelt es sich oft um drei Personen, die in zärtlicher Geste einander zugewandt sind, wobei das Geschlecht der Protagonisten zunächst nicht erkennbar ist. Sind es drei Männer? Ihre Kleidung läßt es vermuten. Erst bei näherem Hinsehen entpuppt sich eins der Modelle, das mittlere, als weiblich, und erst dann wird deutlich, daß zwei Männer eine Frau berühren. Die Bilder setzen auf Verkennung, für den Bruchteil von Sekunden suggerieren sie, als tauschten drei Jünglinge Zärtlichkeiten aus. Doch im Moment des genauen Blicks löst sich die Irritation auf. Wer ein exklusives Herrenmagazin durchblättert, wird denn auch keinerlei manifeste Hinweise auf homoerotische Lüste finden und beruhigt die geschmackvoll gestalteten Seiten betrachten können. Von dem latenten Spiel der Blicke und der geheimen Spannung der Bilder erfährt niemand.

FÜNFTER AUFZUG

Die Mode macht sich gefräßig alles zu eigen. Sie kramt in den Mottenkisten vergangener Epochen, benutzt Lumpen und Fetzen sowie kostbarste Materialien und montiert sie wie ein Puzzle neu zusammen. Aber sie lebt nicht nur der eigenen Geschichte, sie greift die verschiedensten Impulse auf. Die Mode stöbert an den Rändern der Gesellschaft und begibt sich in den Bauch der Subkultur. Sie macht vor nichts halt. Sie schleicht sich indiskret bis in den letzten Winkel, vagabundiert durch diverse Räume, durch Keller und Kneipen ebenso wie durch Kasernen und verlassene, zum Abriß verurteilte Häuser, bis sie schließlich auch die geheimsten Träume und Wünsche erreicht und sie sich untertan macht.

Wer dem Schauspiel auf der Modebühne folgt, könnte sich durch Roland Barthes Analyse bestätigt fühlen.[5] Die Mode hat die Opposition von männlich und weiblich aufgegeben. Es geht um Jugend und Schönheit, und es scheint, als tendiere dieses Ideal tatsächlich zur Androgynie, wie Barthes meinte. Immerhin ist auf den ersten Blick oft nicht auszumachen, um welches Geschlecht es sich handelt. Auf den zweiten Blick jedoch erweist sich diese vor 20 Jahren gestellte Prognose als falsch. Das Ideal ist nicht die Androgynie, das Ideal heißt immer noch: der Mann. Gefräßig hat er sich Elemente des Weiblichen unter den Nagel gerissen und kokettiert inzwischen auch mit homoerotischen Lüsten. Der Gedanke, da könnte etwas sein, was er nicht hat, ist ihm unerträglich. So machte sich „Der Mann" auf, alles, auch das letzte Geheimnis zu ergründen. Sein Neid auf das andere, die Frau und den Homosexuellen, hat ihn mit Farben und Formen, Haltungen und Rollen experimentieren lassen.

Aber: der Mann wollte noch nie eine Frau sein und schon gar nicht ein Homosexueller. Er hat sich ihrer immer nur für seine Zwecke bedient und hält es heute mit der Mode nicht anders. Er flirtet heimlich mit dem eigenen Geschlecht und trägt das Weibliche wie ein Kostüm, das er anlegt und wieder auszieht, wenn es ihm nicht mehr paßt. Die Herrenmagazine erzeugen nur die Illusion des Als-Ob. In Wirklichkeit verbirgt sich hinter dem Glanz der Maskerade der Expansionsdrang der Männer: alles zu haben und alles zu sein.

Die aktuelle Mode mit ihren lässigen Hosen und weiten Jacken verleiht dem Mann den Raum, den er gesellschaftlich eingebüßt hat. Die Silhouette der grauen Anzüge war schmal und gab ihm ein unscheinbares Äußeres. Sein Glanz bestand im Bewußtsein seines (starken) Geschlechts. Heute muß er seinen Verlust an Macht wenigstens über die Mode wieder einholen. Er versieht sich mit voluminösen Pullovern, farbenprächtigen Dessous, teuren, extravagant geschnittenen Sakkos und sorgfältig gestylten Frisuren, denen eine dezente Dauerwelle beeindruckende Fülle verleiht. Wo der Platz draußen kleiner geworden ist, muß er seinen persönlichen Körper-Raum erweitern und durch Kleidung auszudehnen versuchen.

„Der Mann“ und „Männer“ VOGUE, sie entfalten nichts als den alten faulen Zauber.

„Rockford“ heißt die letzte Création auf dem Duft-Markt. „Für den neuen Mann. Männlich-markant und dennoch gefühlvoll.“ Der Zauber ist also nicht nur alt, er schimmelt schon und stinkt gen Himmel.

Anmerkungen

1 Eduard Fuchs: Ich bin der Herr dein Gott! (Aus: Die Frau in der Karikatur. Sozialgeschichte der Frau. München 1906.) In: Silvia Bovenschen (Hrsgin): Die Listen der Mode. Frankfurt am Main 1986, S. 156-178. Der Band enthält wertvolle Anregungen zum Thema und weiterführende Literaturhinweise.

Inspiriert für das Schauspiel haben mich ferner: Jürgen Manthey: Wenn Blicke zeugen könnten. Eine psychohistorische Untersuchung über das Sehen in Literatur und Philosophie. München–Wien 1983; Christoph Wulf: Lust und Liebe. Wandlungen der Sexualität. München 1985, und Klaus Wolbert: Die Nackten und die Toten des „Dritten Reiches". Folgen einer politischen Geschichte des Körpers in der Plastik des deutschen Faschismus. Gießen 1982.

2 J. C. Flügel: Psychology of Clothes. (1930) London 1966. Zitiert nach Alexander Garcia Düttman: Die Ehrfurcht vor der Maske. Mode, Erotik, Geschlecht. In: Silvia Bovenschen, a.a.O. S. 438-457.

3 Walter Benjamin: Das Passagenwerk. In: Gesammelte Schriften V.1. Frankfurt 1975.

4 Peter Gorsen: Das Prinzip Obszön. Kunst, Pornographie und Gesellschaft. Reinbek bei Hamburg 1969.

5 Roland Barthes: Die Sprache der Mode. (1967) Frankfurt am Main 1985.

Barbara Wahlster

ZAUBERKUNSTSTÜCK: DIE HERSTELLUNG EINES PHANTOMS

Der neue Mann als Medienereignis

Popmusiker haben damit angefangen. Ihr Spiel mit der Oberfläche, mit Schminke, Hüftschwung und lasziven Gesten erweiterte das Repertoire männlicher Selbstdarstellung ganz beträchtlich. Was damals, in den Frühzeiten des Rock, noch als skandalös erschien, hat sich langsam und mit verschiedenen Nuancierungen durchgesetzt – nicht immer so eindeutig auszumachen wie in den extremen Verkleidungen eines Boy George.

„Aufwertung des Androgynen", des „Traums vom Anderssein" heißt das Programm, unter dem nicht nur eine theoretisch bemühte Berliner Ausstellung (1986) angetreten war. Während sie als modische Anstrengung erschien, als vorwiegend männlicher Interpretations- und Aneignungsversuch (noch) nicht gänzlich okkupierter Ausdrucks- und Erfahrungsbereiche, wird das Feld von der Mode bereits systematisch ausgebeutet.

Als Insignien der gewiß nicht nur verachtenswerten neuen Ansehnlichkeit fungieren besonders häufig Parfum (Rasierwasser, wenn's denn etwas billiger sein soll), Unterwäsche, Uhren und Krawatten. Für derlei Produkte – natürlich auch für vieles mehr – wird der schöne Mann neu in Szene gesetzt: makellos, körperlich präsent, gepflegt, genußorientiert. Auch Adam in Reinform wirbt als Blickfang. Im diffusen Halbschatten oder in nostalgisch nachgebräunter Entrückung präsentiert ihn die zeitgenössische Fototechnik nach Art von Hamiltons kleinen Mädchen – als ästhetisches Objekt: wehrlos, unschuldig, verführerisch und ein bißchen zu clean. Mit einem entscheidenden Unterschied allerdings: Adam bleibt Eroberer, einer, der auch im Nadelstreifen Fortüne hat, ohne dabei seine jugendliche Ausstrahlung einzubüßen. Im Gegenteil: die Vielfalt der möglichen Posen – auch bisher nicht normgerechte passive oder romantische –, schafft zusätzliche Reize, lädt eindeutige Männlichkeit auf mit einem Schuß Irritation. Von „Siegertypen, die keine Arschlöcher sind"[1] schwärmt daher eines der Zeitgeistmagazine. Selbstverständlich läßt unser neuer Reklamemann die Väter alt aussehen. Als glücklicher Aufsteiger braucht er sich nicht mit Ersatz zu begnügen. Er leistet sich echten Champagner, wählt seine Abenteuer unabhängig und selbstbewußt. Von Amerika träumen? Lächerlich, wo er in New York genauso heimisch ist wie in Paris. Ängstlichkeiten hat er nicht nötig, weil ihm niemand Borniertheit nachweisen kann. Immerhin weiß er sich mit der Kultur – ja, mit der Kultur – vereint. Er beweist dies allein schon mit der Wahl seiner Unterhosen.

Bildwechsel: schwelgerisches Vaterglück – diesmal ohne Weichzeichner und Grobkorn, realistischer sozusagen, dafür überdimensional. Eine innige Szene, an der wir entlangfahren können, auch ohne drauf abzufahren. Sie straft die Wirklichkeit der Bürgersteige und Straßen Lügen, indem sie uns Voyeurinnen die sehnlichst erwünschte, die gelungenste und vor allem die unproblematischste Dyade überhaupt vorführt: Vater und Kind. Kleinstkind, Säugling wohlgemerkt. Umfangen von Vaters sanften, schützenden Händen liegt der auf Vaters Bauch, gerade so, als wäre er eben noch darinnen gewesen, sein Mund in Brusthöhe, als wolle er saugen. Väter sind ebenso gut wie, und wenn sie's richtig machen, eigentlich noch besser.

Daß sie bereit sind, in Frauenzeitschriften Briefe an

Neugeborene zu veröffentlichen, und gestehen, „wir wollten schwanger werden", belegt ihren grenzenlosen Großmut.

Alterswechsel: Konturlos, in weiten, weichen, kostbaren Umhüllungen feiert der romantische Jüngling Auferstehung. Von langen Haaren umrahmt, signalisiert sein sanft verträumter Blick, daß er ganz einfach nicht von dieser Welt ist. Der Hippie ist wieder da – aber in Samt und Seide; diese engelgleichen Wesen strecken ihre Hand aus, laden ein zu einem Love-and-Peace-Trip ins Land der Popjournale und Designer-Modenschauen.

Wenn ich solche Bilder aufzähle – und ihre Reihe ließe sich beliebig fortsetzen –, dann nicht, um sie als bloße Äußerlichkeit abzutun. Tatsächlich ist das Bild des Mannes anders geworden. Es ist auch nicht einfach ein Trugbild, hinter dessen Fassade sich eine ganz andere Wahrheit ausmachen ließe. Indem sie uns umstellen und bedrängen, aufgrund ihrer unübersehbaren Präsenz, erhalten sie eine eigenständige Realität, der überhaupt keine Realität im politischen Sinn zukommen muß. Als sichtbar gewordene Meinung sind sie beliebig austauschbar.[2] Und jenseits der Imaginationskraft, die ihren Hintergrund bildet, sind sie einfach nur lächerlich. Bedeutungslos sind sie deswegen noch lange nicht. Immerhin verrät ein Blick ins Publikum, daß nicht nur charakterlose Männer mit üblen Absichten auf solche Unterscheidungsmöglichkeiten zurückgreifen. Auch von Frauen werden sie ausprobiert, genutzt, benutzt.

Das große Medienecho auf Gaultiers Pariser Männerkreationen aus Spitzenstrümpfen und Miniröcken spielt möglicherweise mit der Provokation, die ein derartiges Outfit für die Herren in Grau darstellen mag. Bewirken tut es genauso wenig wie die in den 60er Jahren so reichlich verschenkten Kochschürzen für den Hausherrn. Ob Feinschmecker, Lebenskünstler oder Lonesome Cowboy,

Mann mit Innenleben, Kinderwunsch und ohne Bindungsangst: es handelt sich immer um vorgezeigte Stile, das heißt um scheinbar freischwebende individuelle Lösungen von Fragen des Lebensstils. Den imagepflegerischen Aktivitäten liegen neben einem Gestrüpp von Wunschbildern freilich auch „objektive" Anforderungen zugrunde: der Wunsch von Frauen nach anderen Männern ebenso wie die Notwendigkeit, sich unter anwachsendem Konkurrenzdruck von den Geschlechtsgenossen zu unterscheiden. Außerdem verlangt eine Dienstleistungsgesellschaft Kooperationsbereitschaft, Flexibilität, Einfühlungsvermögen und dergleichen bisher unter „weiblich" abgehakte Eigenschaften. Mit der Zuspitzung des Gefühls, in einer katastrophengefährdeten Endzeit zu leben, tauchen die seit jeher bekannten Schuldzuweisungen auf. Diesmal haben sich die Vorzeichen umgekehrt, die Rettung soll von einer „Verweiblichung der Gesellschaft"[3] kommen. Die Herren stehlen sich aus der Verantwortung, den Frauen überlassen sie, so vermutet Anja Meulenbelt, „Socken waschen auf kosmischem Niveau".

Freilich waren die Frauen nie angetreten, den bunten Reigen unterschiedlicher Stilisierungen zu erweitern. Nicht das Äußere, das Innere sollte sich ändern, nicht einfach nur das Soziale, auch die Politik. Weil sie jedoch das Private als politisch begriffen, forderten sie auch die Veränderung der Männer, deren Verzicht auf angestammte Privilegien und die Übernahme häuslicher sowie erzieherischer Aufgaben im Alltag. Und gerieten dann zwangsläufig mitten hinein in den Schrumpfungsprozeß des politischen Diskurses, dessen Konsequenz heute Motivationssuche heißt statt Handlung, Anpassung und Versöhnung statt öffentlicher Auseinandersetzung oder nach Richard Sennett: „Tyrannei der Intimität". Andere propagierten eher die notwendige Veränderung der Frauen selbst, auch wenn sich das im Nachhinein gewiß nicht mehr säuberlich trennen läßt.

Aber die Frontverläufe von damals interessieren mich im Augenblick weniger. Ich erinnere mich allerdings noch gut, daß auch die neue Frau irgendwann einmal ganz euphorisch ausgerufen wurde. Mittlerweile, nachdem sie sich verflüchtigt hat, nicht um zu verschwinden, sondern um ihre eigenen Wege zu gehen, wird deutlich, wie problematisch überhaupt der Bezug auf ein Neues ist. Schließlich und endlich ist es Ergebnis einer Definitionsleistung und kommt oft genug nur unter mühsamen Verrenkungen zustande, d. h. mit Hilfe fragwürdiger Argumentationsmuster. Die Gefahr, die darin liegt, wird für mich sehr deutlich angesichts der biologistischen Version, mit der die Unterzeichnerinnen des Müttermanifests momentan das Mutter-Sein zur allessprengenden neuen Kraft ausrufen.

Alle zur Alltagsroutine gehörenden Waren erhalten mit sicherer Regelmäßigkeit das wahrnehmungs- und verkaufsfördernde Adjektiv „neu" verpaßt. Und speziell Frauen als Zielgruppe einer Unzahl von Produkten kennen den immerwährenden Zusammenhang von verlokkenden Versprechungen und lächerlichen Ergebnissen.

Eigentlich dürften sie sich in puncto Neuheiten keinen Illusionen mehr hingeben. Die kleinen Erkundungen ins Neue, höchstens minimale und vorhersehbare Abweichungen vom Altbewährten, bieten wahrlich nichts Besonderes. Die Entsprechung des Reklameexzesses, einer Überstilisierung von Superlativen und ach so entscheidenden Unterschieden, ist Indifferenz: Unterschiedslosigkeit und Gleichgültigkeit. Das Neue verflüchtigt sich in der endlosen Wiederholung des Immergleichen. Aber wer hält das schon aus – jeden Tag? Besonders dann, wenn „jeder Mann eine Ausnahme" ist und die imperativische Aufforderung „Liebe anders erleben" mit den eigenen Wünschen zusammenfällt. Wider alle Erfahrung überdauert nämlich die fast kindliche Hoffnung, daß die Wirklichkeit ins Wunderbare umschlagen möge.

Das wäre ja an sich noch nicht weiter schlimm, wenn nicht erfahrene, gewünschte und übernommene Details ein Puzzle ergäben, das fatalerweise real und fiktiv zugleich ist, ein Phantombild gewissermaßen, das die Medien tagtäglich bedienen. Sie liefern den Nachweis, daß sein kann, nein: daß ist, was sein soll, und sogar: daß ist, was gar nicht sein kann. Sie liefern ihn Männern und Frauen. So lebt – unter anderem – der neue Mann. Auch wenn keine Frau je dessen Qualitäten genossen hat. Seine Wirklichkeit ist anderer Art.

Zwar ließen ihn die sichtbaren Bilder präsent werden, allerdings ohne ihn aus der diffusen Zuordnung zum Bereich von Kultur und Gesellschaft herauszuholen. Seitdem er sich Gehör verschafft hat, das heißt, seitdem über ihn berichtet wird, er als Bezugspunkt von Argumentationen fungiert und zum Objekt von Untersuchungen aufgestiegen ist, erklingt seine Stimme im versachlichten Zusammenhang. Menschliche Rechte (auf Verwirklichung), politische Rechte (auf „Gleichheit") kommen ins Spiel. Auch wenn er hauptsächlich in die hinteren, bislang verschmähten Seiten gerückt ist, also Erwähnung findet unter „Modernes Leben", „Frau und Gesellschaft" und ab und zu mal im Feuilleton, wo dann Kulturkritik dem Thema sich widmet. In Frauenzeitschriften und psychologischen Fachblättern wird er besonders häufig durchleuchtet und als zeitgemäße Korrektur männlichen Rollenverhaltens gepriesen. Anbiedernde Berichte aus dem Innenleben, Siegesmeldungen aus dem privaten Frontbereich häufen sich: kitschige Vater-Gefühls-Duselei, Kindheitserinnerungen mit Ursachenforschergestus vorgetragen, zeitgemäße Klagen über das harte Los männlichen Erwachsen-Seins, die Not mit den anderen Männern, mit den Frauen, mit dem Erfolg. „Kulturarbeit ohne Sublimierung" (Volker E. Pilgrim) überschüttet uns mit derartigen Zumutungen.

Wegen dieser Geständnissucht, einer idealen Quelle für betroffene Originaltöne, darf er sich auch in den Vormittagsprogrammen im Funk ausbreiten. Wenn auch für die Zielgruppe Hausfrauen gemacht, befinden sich die meisten dieser Programme übrigens nicht in der Regie der Frauenredaktionen. Nur im Fernsehen wird Realität weiterhin als Repräsentation von Herren anderer Art vorgeführt – zum Teil bereits mit verbaler Kurskorrektur. Wer sich zufriedengibt mit der fein säuberlichen Trennung zwischen den relevanten Männerseiten vorne und dem belanglos privateren Teil hinten, verfällt dem schematischen Kurzschluß, daß die Männerfrage „nur auf der Frauenschiene" Bedeutung hätte.[4]

1985 etwa listete der „Stern" in seinem Index keinen einzigen Artikel unter „Väter", wozu ja auch die „neuen" gehören würden – aber hinter dem so neutral klingenden Stichwort „Sorgerecht" verbirgt sich Sprengstoff. Der „Stern" selbst nämlich berichtete über die wachsende Zahl von Kindesentführungen durch den eigenen Vater. Sie stoßen allenthalben, nicht nur bei den Gerichten, auf wohlwollendes Verständnis, seit das „Vatergefühl" seine Aufwertung erfahren hat. Hier werden (bewußt?) die Möglichkeiten vertan, das Zusammenwirken einer als progressiv ausgegebenen Veränderung mit den alten Strukturen patriarchaler Machtausübung genauer zu durchleuchten. Danach besteht – wen aber wundert das? – kein Bedarf. Neues soll – vorerst zumindest – neu bleiben.

Trotzdem bejammern die hauptamtlichen Öffentlichkeitsreferenten des neuen Mannes, daß eigentlich nur Frauen an ihm interessiert seien. Da sie sich jedoch hauptsächlich an Frauen wenden und noch dazu von ihnen eine Art Generalabsolution erbetteln, fehlt dieser

Mauligkeit jede ernstzunehmende Grundlage.

Andererseits heißt es, sie – die Frauen – hätten ihn – den neuen Mann – eigens lanciert, um mit medialem Druck die unter Männern zögerliche Nachfrage nach Veränderung voranzutreiben. Adam Normalverbraucher solle auf diese Weise die Antiquiertheit seiner Position vorgeführt werden, und Eva Normalverbraucherin bekäme hinsichtlich der Legitimität ihrer Forderungen im häuslichen Bereich Schützenhilfe. Dem echten Neumann dagegen würde Unterstützung zuteil oder Mut zugesprochen. Was uns den neuen Mann nahebringt, wäre nach der Argumentation von Andreas Hoff[5] Propaganda und Indoktrination; ganz so, wie Heiner Geißler das auch gesehen hat, mit dem Unterschied allerdings, daß Andreas Hoff den so gescholtenen „Medienfrauen" durchaus wohlwollend aufklärerische Absichten konzidiert. Es mutet seltsam an, daß jemand mit starrem Blick aufs angeblich positiv veränderte Private Aufklärung betreiben will und sich dabei die Mühe einer Gegenwartsanalyse ebenso erspart wie Konfrontation. Seltsam auch deshalb, weil dem eine grandiose Überschätzung der eigenen (Medien-)Möglichkeiten zugrundeliegen würde.

Mit Verlaub: Andreas Hoffs „mediale Konspiration progressiver Kreise" läßt sich nicht halten. Auch nicht, wenn er seine These mit dem Medienecho einer eigenen, allerdings auch in Springers „BZ" und anderen ebenso wenig progressiven Blättern publizierten Studie belegt. Er übersieht dabei ganz Entscheidendes. Erstens: an das Bild vom neuen Mann knüpfen – weniger aus Mißbrauch, eher wegen seiner generellen Brauchbarkeit – Personen und Instanzen an, denen beispielsweise an konservativer Familienpolitik gelegen ist, an Strategien zur „Popularisierung des solidarischen Verhaltens", an der Mobilisierung „weiblichen Heldentums"[6] usw. Zweitens unterschätzt Hoff die Situation der „Medienfrauen". Sofern sie überhaupt festangestellt sind: wo können sie derart umfassend und „konspirativ"(!) ein angeblich ausschließlich ihnen selbst und ihren Geschlechtsgenossinnen nützliches Thema verfolgen? Daß sie auf männliche Programminstanzen schielen, ihr Anliegen aufgewertet sehen durch das Gewicht männlicher „Argumentationshilfe", halte ich für wahrscheinlicher. Und das sagt eigentlich schon genug über die Konspirationsmöglichkeiten aus. Drittens tritt der neue Mann als Medienereignis auf, weil Medien ereignisfixiert sind – jedes Buch, jeder Kongreß ein willkommener Anlaß –, weil sie einem unsinnigen Authentizitätsanspruch huldigen, dessen Regeln das intime männliche Geständnis durchbricht und somit bestätigt.

Damit bereits wäre ein zweiter Anspruch, der nach kompetenter Objektivität, schon erfüllt. Publikationen, Forschungsarbeiten und dergleichen Beschäftigungen mehr untermauern das zusätzlich. Der großartige Gestus von Platzhaltern gesellschaftlicher und politischer Macht, ihre angestammten Felder „freiwillig" räumen zu wollen, ist allemal für eine Erfolgsmeldung gut. Und positiv müssen sie doch sein, unsere Medien. Das Nein der Feministinnen ist out. Nein ist nicht kulturverdächtig.

Schließlich taugen die Medien überhaupt nicht dazu, neue Zweckbestimmungen oder Sichtweisen zu entwikkeln. Sie modellieren das Vorhandene und reproduzieren es unendlich. Überdies weiß Andreas Hoff von der vielbesprochenen Spezies zu berichten, daß sie Vielsprecher sind – „vorzugsweise über sich". Allein deshalb versprechen sie eine ideale Darbietung. So, wie die Medien funktionieren, erhält beinahe automatisch eine Stimme, wer als Profi der öffentlichen Rede auftritt: Show-Leute, Experten und Politiker oder Stars – allesamt Personen mit massivem Eigeninteresse an Selbstbestätigung. Der Mann, der sich behauptet, der sich als besonders oder als neu behauptet, der irgend etwas behauptet – das ist ganz und gar nichts Neues.

Um mich hier nicht in die Gefahr zu begeben, quasi ex nihilo doch noch einen ungewollten Gottesbeweis zu liefern, will ich von den Mechanismen der Phantomproduktion kurz zu den Äußerungen kommen. Während die einen das Neue am neuen Mann in den Vordergrund heben, bemühen sich andere um den Mann im neuen Mann. Die erste Gruppe reklamiert schlichtweg sämtliche für Männer untypischen Eigenschaften: Zärtlich, gefühlvoll, ängstlich, verletzlich, pflegerisch, mitfühlend und eitel wollen sie sein, brüderlich im Umgang mit den eigenen Geschlechtsgenossen, ohne Konkurrenz und Leistungsdruck miteinander verkehren. Den ersten vor anderen vergossenen Tränen wird ebensoviel Aufmerksamkeit gewidmet wie dem eigenhändig angenähten Hosenknopf oder dem erfolgreich ausprobierten Kochrezept. Da sie alle, auch ohne es in ihrer Selbstdefinitionsliste zu vermerken, geschwätzig sind, füllen diese kleinen Lernschritte, die für Großes herhalten müssen, die Tage, die Gesprächsrunden, die Bücher und die Selbstdarstellungen. Väter, Lehrer, Sozialarbeiter, Studenten, Alternative, Schriftsteller, Journalisten und ehemalige Linke – alle sind sie ehrlich geworden und geben der restlichen Männergemeinde die Möglichkeit, sich wiederzuerkennen. „Ein paarmal hab' ich sogar zugeschlagen. Es hat mir mindestens so weh getan wie ihr." Beredter Schmerz.

Sie nehmen für sich in Anspruch, die Abkehr von der Welt der Väter vollzogen zu haben, und glauben sich somit außerhalb des damit verbundenen Schuldzusammenhangs. „Ich ließ mich von meinen Eltern scheiden", schreibt Volker E. Pilgrim. Qua Entscheidung und Verkündung haben sie, denen an der Entfaltung ihrer menschlichen Möglichkeiten gelegen ist, nichts mehr zu tun mit dem gesellschaftlichen Gewalt- und Zerstörungspotential. Historisch geschult, wie sie nun einmal sind, greifen sie zu ihrer Entlastung zurück auf die traditionellen Theorien der Subjektkonstitution, auf unglücklicherweise Gewordenes, das den Müttern und den Verhältnissen angelastet wird. „Wir werden als Männer von unserer Männerrolle gleichermaßen unterdrückt wie die Frauen von ihrer Frauenrolle.“ Der feministischen Analyse des Patriarchats begegnen sie mit einem verfeinerten Theoriekonzept: „Wobei diese Frauenbewegung überhaupt die anonyme, körperferne Gewalttätigkeit des Zivilisationsprozesses in die geschlechtsspezifische, körperliche Gewalttätigkeit von Männern zurückzuübersetzen wünschte, um sie zu bekämpfen.“[7] In der Hauptsache sind sie mit ihren Erlebnisweisen beschäftigt. Das richtige Feeling, so verkündet die therapeutische Machbarkeitsfraktion, läßt sich lernen. Euphorischer Pioniergeist paart sich mit Sicherheitsbedürfnis.

Bei alledem ist die Orientierung an den Frauen – „diese Frauenbewegung überhaupt“ – unübersehbar. Denn selbstredend wird Lob erwartet, Lob, das die aufmerksame Mutti spenden soll. Außerdem hat der neue Mann sämtliche seine Eigenschaften „auch“; er hat sie sich nämlich abgeguckt, er erlag dem kleinkindlichen Zwang, „auch haben“ zu müssen. Und auf einer noch anderen Ebene schließlich ließe sich dieser Mechanismus vielleicht als „Identifikation mit dem Angreifer“ interpretieren.

Unter die neuen Männer werden jedoch auch die subsumiert, die gerade nicht den Softie rauskehren, sondern auf der Suche nach ihrer Männlichkeit oder genauer vielleicht: ihrer Herr-lichkeit Bündnisse bilden. Verbal zumindest beziehen auch die sich auf die Frauenbewegung, da die Gebeutelten und Erholung Suchenden eingesehen haben, daß sie „Chauvisein an sich gar nicht ablehnen“. Auf halbem Weg treffen sie sich mit denen, die endlich wieder klare Verhältnisse schaffen wollen, weil ihnen das „Emanzipationsgequatsche“ zutiefst zuwider ist. Diese Realisten wollen sich von der feministischen Wirklichkeitszensur befreien, vom unlauteren, weil moralisch untermauerten Wettbewerb, der ihnen alles vermiest. Im geschützten Raum der Gruppe ist schenkelklopfende Weiberfeindlichkeit so schnell an der Tagesordnung wie an jedem Stammtisch. Wie dort landen sie direkt bei Porno, Peep und Prostitution, wobei eine der Hauptbemühungen darin liegt, das schlechte Gewissen darüber zu bearbeiten – sprich: zum Verschwinden zu bringen. Die „Frauen raus"-Fraktion ist in diesen Kreisen erwartungsgemäß stärker vertreten als bei den Fraternisierern. Die Identität als Überlegener läßt sich nur über einen Angriff herstellen.

Identifikationsprobleme in jedem Fall. Dafür wird das Schwinden traditioneller Formen männlicher Herrschaft verantwortlich gemacht, die Unsicherheiten eines Männerbilds im Wandel, der Zusammenbruch der Ernährerethik, überhaupt und vor allem die angebliche Angleichung der Geschlechter aneinander.[8] Aber ob Einholung oder Abgrenzung von der Frau: beidemale begegnen wir altbekannten Bewegungen, aus denen Zerrbild und Überhöhung entstehen – Effekte jenes Spiegels, den die Frau historisch ja darstellt. Wenn heute das vordem übersehene Terrain zur Aufwertung freigegeben wird, so bedeutet das: zur Besetzung, zur (Wieder-)Aneignung. Als hätte die Frau einen unrechtmäßigen Platz okkupiert, geht es um die Aufwertung des Weiblichen im Mann, seine eigene Neuschöpfung – auf dem alten Schauplatz. Es geht tatsächlich darum, ein defektes, definitorisch ungenügendes, in die Frau verlegtes und noch dazu historisch überholtes Männerbild zu erweitern – und auf diesem Weg in letzter Konsequenz die Frau abzuschaffen. Hexenverbrennungen sind dazu nicht mehr nötig. Das Einebnen aller Differenz ist ein Weg dahin, die Fortschritte in der Reproduktionstechnologie ein anderer. Der endlich neue Mann wäre die bessere Frau.

Anmerkungen:

1 Ich werde im Folgenden nicht jedes einzelne Zitat belegen, jedenfalls dann nicht, wenn es gewissermaßen sprichwörtlich gewordene Sentenzen sind, die mittlerweile überall zu hören und zu lesen sind.

2 Bereits 1958 schrieb Hannah Arendt in „Vita activa": „Was die Verhältnisse in einer Massengesellschaft so schwer erträglich macht, liegt nicht eigentlich, jedenfalls nicht primär, in der Massenhaftigkeit selbst; es handelt sich vielmehr darum, daß in ihr die Welt die Kraft verloren hat, zu versammeln, das heißt, zu trennen und zu verbinden." (Dt. Stuttgart 1960.)

3 Dieser Topos ließe sich weit zurückverfolgen; immerhin weiß sogar das Nachschlagewerk „Was ist los mit den Männern?" – Stichworte zu einem neuen Selbstverständnis (Herausgegeben von Heinz Bonorden, München 1985) unter dem Stichwort „Männlichkeit": „Spätestens seit Beginn der Romantik wurde dieses traditionelle Bild von Männlichkeit brüchig (→ Männerbewegung)." Ich meine hier jedoch jene Feminisierungsdebatten, die seit den 60er Jahren im pädagogischen und psychologischen Umfeld entstanden, aufgenommen wurden von der Technik- und Naturwissenschaftskritik und schließlich von New-age-Anhängern (und Anhängerinnen) ebenso vertreten werden können wie von konservativen Politikern. Eines ihrer in diesem Zusammenhang immer häufiger bemühten Schlagworte heißt übrigens: Liebe.

4 So Marion Schreiber in ihrem Artikel „Vom Dynamo zum Schlaffi?" im Spiegel Nr. 14 (1987).

5 „Die ‚neuen Männer': wie sie vom Medienereignis zur Realität werden könnten", in Freibeuter Nr. 29 (1986).

6 „Die politische Ökonomie der Liebe", ein Essay von Anne Drescher, Josef Esser und Wolfgang Fach (Frankfurt 1986), bietet dafür erschreckend aufschlußreiches Material.

7 In „Was ist los..." (s. Anm. 3). Weiteren Anlaß, über die Bedeutung von „zurückübersetzen" nachzudenken, bietet der Artikel „Vergewaltigung", in dem es heißt: „Die Frau *erlebt* die

Vergewaltigung nicht als Sexualakt..." (Hervorhebung von mir.)

8 Etwa: Barbara Ehrenreich, „Die Herzen der Männer" (dt. Reinbek 1983) und die im Herbst 1987 in deutscher Sprache erscheinende Studie von Elisabeth Badinter „Ich bin Du – Die androgyne Revolution".

Hilke Schlaeger

KUNSTGRIFF: DER EINSAME WOLF

Traktat über die Angst vor den Frauen

Bilder:

Ein Mann allein. Ein Mann allein in der Wüste. Ein Mann allein in der Wüste und durstig.

In der Wüste eine Tankstelle. In der Tankstelle ein Kühlschrank. Im Kühlschrank eine Büchse Bier.

Der Mann macht den Kühlschrank auf, nimmt die Büchse heraus, öffnet sie und trinkt.

Halt, schreit da jemand. Es war kein Bier. Es war eine Cola. Oder doch nicht? Ist auch egal. Jedenfalls: der Mann trinkt.

Fing so der Film an? Oder die Cola-Reklame? Trügt mich die Erinnerung? Mußte ich an dieser Stelle zum erstenmal lachen? Als der durstige Mann den Kühlschrank öffnet, mitten in der Wüste?

Der Mann ist auf der Suche. Nicht nach einer Büchse Bier. Oder meinetwegen auch Cola. Der Mann sucht seine Frau. Ein Sohn ist auch da, ein kleiner Junge. Den ganzen Film lang sucht der Mann nach seiner Frau. Und als er sie gefunden hat – er findet sie doch? oder? –, ja, als er sie gefunden hat, was macht er da? Schließt er sie in die Arme? Geht ein neues Leben an, ein glückliches oder auch ein unglückliches? Nein. Das ist zu schön, um wahr sein zu dürfen.

Der Mann sieht seiner Frau zu, wie sie ihrem Beruf nachgeht. Die Frau arbeitet in einer Peepshow. Der

Mann sieht also seiner Frau zu, wie sie in einer Peepshow arbeitet. Dann geht er wieder. Nicht ohne vorher seinen kleinen Jungen der Mutter des kleinen Jungen, seiner Frau, ans Herz gelegt zu haben. Oder an die Brust. Oder in den Schoß. Oder wo sonst auch immer ein Mann seinen kleinen Jungen ablegt.

Hätte es auch ein kleines Mädchen sein können? Nie hätte es ein kleines Mädchen sein können. Solche Männer haben keine Töchter. Sie haben Söhne. Deren Mutter in einer Peepshow arbeitet. Weswegen es doch klar ist, daß der Mann da nicht bleiben kann. Der Mann muß also fortgehen. Ganz einfach.

Reaktionen:

Ein Kino-Traum für große Jungen. Ein Kino-Regisseur, der seinen Traum vom Leben in Kino-Bilder faßt. Und dafür rauschenden Beifall bekommt von all den anderen großen Jungen, die ins Kino gehen und anschließend eine Schreibmaschine in Bewegung setzen, um eine Kritik zu schreiben. Eine Kino-Kritik, in der es nur so quietscht vor Begeisterung und Lob.

Denn der Kino-Traum ist ihr eigener. So sehen sie sich. So wären sie gern. Die Generation der Vierzig- bis Fünfzigjährigen. Gestandene Männer. Lonesome Cowboys. Einsame Wölfe. Sensibel und immer noch auf der Suche. Und immer noch unterwegs. Unbehaust. Wortkarg.

Sagte ich: „Wortkarg"? Der Eindruck täuscht.

Ein Dichter spricht:

„Ich riß meine Kleidung auf und gab meine Haut frei. Die Frau kniete vor mir nieder und versah ihren Dienst mit einer ebenso gewandten und scheuen Hingabe, als wäre unser schönes Benehmen durch nichts beeinträchtigt. Für sie schien es im Gegenteil noch längst nicht unterbrochen. Jedoch erhob sie, während sie mich berührte, ihr stummes, regloses Gesicht und sah mir zu ihren Handlungen gerade ins Auge. Doch ich, in eine ungeahnte Höhe der Lust entschwindend, erkannte nicht mehr, wer mich dort unten anblickte und was er zu ergründen suchte. Niemals verspürte ich eine gewaltigere Hervorschleuderung meiner Kraft als in jenem Augenblick, da die weißen Peitschenhiebe über ihr aufgerichtetes Gesicht schlugen, welches nicht einmal zuckte und vom gehorsamen Schauen nicht abließ."

Wir wollen nicht den Fehler begehen und von diesen Sätzen unmittelbar auf die Zustände im Schlafzimmer des Dichters schließen. Es genügt, auf die Zustände in seinem Kopf zu schließen. Und sich nun in die Wohnküche eines anderen zu begeben.

Noch ein Dichter spricht:

„Allzuschnell wird diese Frau glücklich, als daß man ihr Freund sein möchte

Was auch immer man sie fragt, ob sie es will – sie will es, sofort, ‚sehr gerne!'

Die Teekanne hat sie auch nicht vorgewärmt! Und in den Wasserkessel hat sie so viel Wasser gefüllt, daß es nach einer Viertelstunde noch nicht kocht! Und wie sie beim Salzstreuen auf das Salzfaß tippt! – Die Lust, während wir am Tisch sitzen, ihr zu sagen, sie soll abhauen, sofort

Und vor sich hinsummen tut sie auch noch die ganze Zeit in ihrer Panik und Angst vor mir

...

Und alles macht sie mir nach, Butter aufs Brot, Salz

dazu: kaum daß ich eine Bewegung wage, schon wird sie von ihr nachgeahmt

Ich bestellte ganz sinnlos, ohne Bedürfnis, ein Bier und fragte diabolisch, ob sie auch eins wolle, und natürlich zwinkerte sie sofort und nickte

Zum erstenmal seit langem biß ich mir wieder in die Zunge

Plötzlich dachte ich: Ich möchte wirklich nicht mehr meinen edlen Schwanz in so eine Frau hineinstecken!, und lächelte sie versonnen an, und sie lächelte zurück."

Ich könnte jetzt sagen: die armen Frauen, die mit diesen Typen zu tun haben. Aber das ist nicht mein Thema.

Mein Thema: Bei diesen beiden Herren will ich ein wenig verweilen. Denn es ist beileibe nicht so, daß es sich hier um den Verfasser harter Pornographie einerseits und einen wildgewordenen Kleinbürger andererseits handelt. Hier sprechen – ungeachtet sprachlicher Mißlichkeiten, „diabolisch" zum Beispiel oder „er", wenn „sie" gemeint ist – zwei Dichter, zwei anerkannte, hochgelobte, viel gelesene deutsche Dichter. Zwei aus der Generation der Vierzig- bis Fünfzigjährigen. Zwei dieser einsamen Wölfe. Zwei aus dem Club jener, zu deren Grundüberzeugungen gehört: der ideale Mensch, nur mit sich allein, ist ein Mann.

Um die Charakterisierung mit Hilfe außerliterarischer Kategorien, derer ich mich für diesen Fall auch weiterhin bedienen will, fortzuführen: zwei, die – betrachtet man ihre Fotos aus jüngerer Zeit – sich auch dadurch auszeichnen, daß sie früh vergreist wirken. Widerspricht das nicht dem Bild vom einsamen Wolf? Nein, es widerspricht ihm nicht. Der alterslose Gestus gehört dazu. Da man an der Jugend nicht festhalten kann, ist es besser, gleich ins andere Extrem zu wechseln. Sie werden, sagen die Fotos, nicht erwachsen, sie sehen nur alt aus.

Man kann das natürlich auch anders sagen – mit den

Worten der Dichter:

„Deine Tour ist die eines Mannes, der die Enden zusammenfaßt, und packt das Bittere hier, das Feierliche dort wie ein Bieger; dem zustieß von allen das unverhoffteste Wort: Kelchschaft."

Oder so:

„Die Geräusche und Gesten eines alten Mannes machen – und Vergnügen daran finden."

Um in der Charakterisierung noch ein wenig fortzufahren: beim Lesen der bisherigen Zitate ist vielleicht schon aufgefallen, daß da der eine um alles in der Welt sich kostbar ausdrücken muß, Erinnerungen wecken will, an Hölderlin und Ernst Jünger, zumindest. Und daß der andere um alles in der Welt schlicht sprechen möchte, so schlicht wie zum Beispiel vielleicht Goethe. Mit anderen Worten: die beiden Herren haben nicht nur Gemeinsamkeiten, sondern auch Verschiedenheiten. Die können wir aber beiseite lassen, weil bei aller Verschiedenheit ihnen eines wieder gemeinsam ist: bescheiden sind sie nicht. Nur das Ziel eines Teils ihrer Unbescheidenheit ist unterschiedlich, jedenfalls auf den ersten Blick, und als wenn es am Ende nicht egal wäre, ob es nun Goethe oder Hölderlin heißt.

Kommen wir also zur Auflösung. Unsere zwei einsamen Wölfe hören auf die Namen Botho Strauß einerseits und Peter Handke andererseits. Der eine, Strauß, 1944 geboren; der andere, Handke, 1942. Der eine, Strauß, unwidersprochen ein Neo-Konservativer; der andere, Handke, nach frühen Jahren des Aufrührertums unwidersprochen ein Weltflüchtling und Naturliebhaber. Der eine, Strauß, öffentlichkeitsscheu; der andere, Handke, trotz der Flucht in die Einsamkeit – neuerdings des Salzburger Mönchsberges – ein umgänglicherer Mensch, der sogar einer Frau vom „Stern" mal ein Interview gab.

Beiden gemeinsam ist (das sage ich mal so): sie stilisieren sich selbst als das vereinzelte, das einsame Subjekt. Sie sind, über alle Selbststilisierung hinaus, das, was man schlicht und ergreifend „Egozentriker“ nennt. Das goldene Kalb, das sie feierlich raunend umtanzen (ich sage das mal so), ist das eigene Ich, die eigene Existenz. Es gibt nichts außerhalb, was sie so anmachen könnte wie diese Kostbarkeit, die einmal auf den Namen B. S., ein andermal auf den Namen P. H. hört.

Dies ist, wie gesagt, eine Beschreibung mit außerliterarischen Kategorien. Den literarischen Feinsinn überlasse ich anderen, gern. Und zitiere an dieser Stelle den Einen, B. S., mit einem seiner unnachahmlichen Sätze, der da lautet:

„Je einer das Eine, um so anders das Andere.“

Was die beiden voneinander halten, kann ich, die ich beide nur aus ihren Büchern kenne – was ich nicht bedauere: sie persönlich nicht zu kennen –, nur im einen Fall und nur in einer Richtung beantworten. Es ist ziemlich sicher, daß Peter Handke Botho Strauß nicht leiden kann.

„Botho Strauß“, sagt Peter Handke, „ist durch und durch ein Intellektueller. Er geht mit Theorien an die Phänomene heran. Er ist ein deduktiver Schriftsteller, ich bin ein induktiver. Das journalistische Element bei ihm ist mir unerträglich. Er kann nichts in Ruhe lassen, er muß jedes Phänomen sofort abbiegen in Ideologie, in Stellungnahme, in Wertung. Das Journalistische, wenn es poetisch sein will, ist preziös.“ (In: Süddeutsche Zeitung, 28./29.3.1987)

Es wäre eine der leichteren Übungen, durch einfache Umkehrung der Begriffe in ihr jeweiliges Gegenteil, aus diesem Zitat eines zu machen, das die Meinung von Herrn Strauß über Herrn Handke sagt. Vorstellen könnte ich mir auch, daß ersterer sich von letzterem absolut unverstanden fühlt, hat er doch immer mal wieder und wortreich der Vernunft, einer Vernunft im Sinne Montaignes und der Aufklärung, abgeschworen, geradezu wütend den Krieg erklärt.

Macht nichts. Stehenbleiben könnte in beiden Fällen der Begriff „Phänomen". Und eben dem will ich nun nähertreten, das Wort „Phänomen" ergänzend durch den Begriff „Frau".

Ich muß dabei nicht sonderlich viel erklären. Es genügt, die beiden reden zu lassen. Gesagt werden muß höchstens noch, warum mich das interessieren könnte, was sie sagen, was also der Zweck der Übung ist, was das Ganze soll.

Ich frage mich manchmal, was um alles in der Welt wohl in den Köpfen der Männer vorgeht. Leider treffen wir ja nicht oft auch solche, die in der Lage sind, zu sagen, was in ihnen vorgeht. Was für Vorstellungen sie haben – von Frauen zum Beispiel. Wozu die ihrer Meinung nach da sind, warum man sie braucht und wofür.

Wissen möchte ich, woher es kommt, daß Frauen – sagen wir mal: in der von Männern verantworteten Werbung – entweder besonders blöd oder besonders nuttig gezeichnet werden. Die Begründung, das müsse sein, weil die von der Werbung anzusprechenden Frauen darauf positiv, das heißt: kauflustig reagieren, halte ich für vorgeschoben. Ich möchte auch wissen, ob die Paarung „Heilige oder Hure" heute noch etwas bedeutet – in den Köpfen der Männer, meine ich.

Warum ich das wissen möchte? Ich denke, daß es nützlich ist, die Gegenseite, auch „Feind" genannt, zu kennen, zu wissen, was er über mich weiß oder besser: zu wissen glaubt. Mit welchen Bildern und Vorstellungen im Kopf einer dahergeht und wie das zusammenstößt zum Beispiel mit der Realität.

Da, wie gesagt, die meisten Männer das Reden nicht gelernt haben, sich nicht oder nur höchst unbeholfen artikulieren können – manchmal entsteht auch der Eindruck, daß sie es ohnehin gar nicht wollen –, bin ich dankbar für die Entdeckung, daß unsere beiden Hochsensiblen zu diesem Thema so außerordentlich reichhaltig sich geäußert haben und, so ist zu vermuten, dies auch weiterhin tun werden.

Ich finde es lehrreich, nach dem Frauenbild zweier Gegenwartsschriftsteller (Gegenwartsdichter scheint mir nach umständlicher Lektüre der beiden „Oeuvres" ein denn doch zu großes Wort, und überhaupt ist dies nach Lage der Dinge keine Zeit für Dichter) zu fragen. Ich scheue mich auch nicht, zu vermuten, nein: zu unterstellen, daß es repräsentativ sein wird, was dabei herauskommt – so subjektiv es zunächst auch erscheinen mag. Die beiden werden zwar nicht müde, ihre jeweilige Einzigartigkeit auszustellen. Aber wie bei jeder anderen Addition wird auch in diesem Fall deutlich: es gibt sie nicht, die Singularität. Die Summe der Einzigartigen ergibt nur die allergewöhnlichste Banalität.

Kleine Abweichungen wird es geben, Varianten, die sich aus Biographie und Mentalität herleiten lassen. Aber, auch das unterstelle ich, sie werden vernächlässigt werden können. Dies sei ein Vor-Urteil? Nun, ich war ziemlich verblüfft, wie sehr sich die Bilder gleichen, wie schmal der Abstand ist zwischen höherer Kunst und Stammtisch, zwischen Kitsch und Pornographie.

Ein Gespräch unter Männern

(absolut aus dem Zusammenhang gerissen. Diese Methode gilt als anfechtbar – deshalb empfiehlt sie sich)

Man kann mit ihnen nicht reden. Sie sind zu dumm.

B: Er hat sich einer jungen Frau verbunden und ihr viel Zuneigung und Aufmerksamkeit geschenkt. Obwohl bisher nur Vergnügungen stattfanden, läßt sie plötzlich den

Kopf sinken und sagt: „Ich bin so bedeutungslos. Ich bin ein vollkommen bedeutungsloser Mensch."

P: Die dummen Sätze, die sie am Vorabend gesprochen hatte, quälten mich am nächsten Morgen, als hätte ich selber sie gesagt („ein ganz sanfter, blonder Junge", „Mit jemandem im Bett liegen, ohne daß etwas ist, ach, kann das schön sein!")

B: Wie soll man darauf antworten? Vielleicht wird man ein wenig erschrocken oder betreten fragen: „Weshalb glaubst du das?" – „Na ja. Weil ich eben ein völlig bedeutungsloser Mensch bin."

P: Sie plappert nicht vor sich hin, sie seiert. Plappernd hätte sie wenigstens manchmal den Zauber einer Selbstvergessenen – so aber wirkt ihr Gerede wie das, was wir von im Selbstgespräch Murmelnden im Vorbeigehen auf der Straße aufschnappen. Es ist manchmal sogar an uns, gegen uns gerichtet, aber ob wir es hören, zählt gar nicht. Es ergibt sich bei ihr nie ein schönes Schweigen: Wenn sie nichts sagt, bedeutet das, daß sie griesgrämig ist oder beleidigt, vergrault; und wenn's vorbei ist, geht wieder das kleinliche, seelenlose Geseire los, klatschspaltenhaft, leuteausrichtend, tonlos wie Wasser ohne Druck.

B: Fest steht nur, die Freundin ist aus dem gemeinsamen Glück oder Genüge niedergesaust in ihr frierendes Ich. In die Kältehaut, auf der alle Haare krähen. Man kann sie in den Arm nehmen, aber sie sitzt tief unten fest und bleibt unerwärmbar.

P: Er betrachtete sie schweigend so lange, bis sie ihm sein Leben glaubte.

Sie sollten auch nicht reden. Es zerstört die Kreatürlichkeit.

P: Daß das Bild einer auf den ersten Blick schönen Frau immer einen reinen, unbefleckten, erlösenden Geist verspricht und daß dieses Bild so oft ein falsches Versprechen ist: das Herzzerreißende und jeweils von neuem Betrügerische dieser Art Schönheit! (Und doch ein Gefühl der Enttäuschung jedesmal, wenn ich eine Unbekannte treffe und diese nicht auf den ersten Blick schön ist...)

B: Die kleine Dame. Sieht ein wenig aus wie eine Industriellengattin noch im Puppenstadium. Goldene Clips am Ohr, die Armspange, der Halsschmuck, die Locken vom Frisör, Bluse und Rock in den Modefarben Champagner und Staub, winzige Nase und volle Kinderwangen. An die Bedeutungslosigkeit eines solchen Wesens würde man so wenig denken wie an die Bedeutungslosigkeit einer Azalee oder eines Pfauenauges. Bis auf die plumpe Selbstwertfrage unterscheidet sie sich kaum von solchen Naturgebilden in ihrer schönen Fassung und Notwendigkeit.

P: Ich ging zu ihr und fragte, wer sie sei. Dann umarmte ich sie, fühlte dabei ihre ganze Gestalt und dachte: Das ist die Frau für mich. – Es hatte nur vorher einen Augenblick der Ernüchterung gegeben, als sie mir zu sagen anfing, wer sie war. Aber sowie ich ihren Körper umfing, war in dessen starker Anmut die Zweisamkeit mit ihr hergestellt. Aufgewacht, spielte ich mit dem Gedanken, diese Frau durch einen Privatsekretär suchen zu lassen. Ihren Körper umschließend, ihn in mich einschließend, spürte ich nicht die mindeste Wollust – nur Lust und Erlöstheit.

B: Dennoch, jemand, der so selbstumspannt daherredet und sich so wichtig für bedeutungslos erklärt, wird damit vielleicht nicht ganz im Unrecht sein.

P: Vorstellung von einer sexuellen „Begegnung“: wir wären beide nur darauf konzentriert – aber vielleicht erwartete sie dabei doch, wenn auch von der Geilheit völlig befangen, immer noch den einen Blick von mir, der alles ändern würde.

Man muß sie sich vom Leibe halten. Sie klammern.

P: Nie mehr einer Frau „etwas bedeuten" wollen; grauenhafte Vorstellung, eine Frau würde sagen, daß ich für sie wichtig gewesen sei, daß sie von mir gelernt hätte.

B: Am frühen Nachmittag klingelte noch einmal das Telefon. Sie blickte befremdet von ihrer Näharbeit auf und betrachtete den scheinbar lebendigen Apparat. Sie zögerte einen Moment. Wie sprechen? Wie empfangen? Wie hören? Dann nahm sie den Hörer ab und hielt ihn ans Ohr. Sie ließ ihn gleich wieder ein wenig sinken. Sie schloß die Augen. Sie sah es kommen. Das war nicht der Wildfremde und nicht der Allzubekannte, es war: der einzig Richtige. Der höchst Willkommene, der weder erwartet noch jemals unerwartet war, der aufhob die Trennung in ihrer Stimme zwischen herzunten und herzoben, zwischen Erlauben und Ersuchen. Er war es, der Rechtzeitige.

(Anmerkung HS: Wir müssen annehmen, daß B. diese Sätze im Zustand höherer Trunkenheit spricht. Wir könnten auch sagen: sie erfüllen alle Ansprüche, die die Literaturwissenschaft an den Kitsch stellt, einschließlich der Abwesenheit jeder Art von Ironie. Dem Mann ist nicht zu helfen, müssen wir feststellen.)

P: Die „unbekannte Geliebte": Es gäbe bei ihr keine Anfangsschwierigkeiten wie üblich, z. B. komme ich zu ihr, sie zu mir? Keiner würde sich an seinem gewohnten Ort vom anderen, der von woanders käme, gestört fühlen, wie ich es jetzt, bei dieser bekannten „früheren Freundin" doch wider Willen bin, wenn ich fremde Tuben, Armreifen usw. in „meinem" Badezimmer sehe.

B: In dieser verdammten Nähe werfen unsere Augen Schleier über den anderen! Jedesmal, wenn sie nicht da ist und ihre Abwesenheit ihn wie eine ideale Nähe umgibt, dann reuen ihn die harten Zensuren, die er ihrer Gegenwart erteilte. Dann spürte er, daß nur Gutes von ihr kommt und sie von Grund auf gut ist. Ungenügen bereitet allein ihr leibhaftiges Gegenüber.

Eigentlich könnten sie von sich aus wegbleiben. Danach.

P: Die Frau, die mit mir bleiben wollte, sprach listig von meinem „trostlosen Gesicht“; ihre Hand lag ganz still auf meinem Rücken, wohltuend warm; ich wollte, daß sie wegging.

B: Stärker als alle getrost zupackenden Hände, die je an seine Haut gelangten, wird ihm ihre gehemmte, notleidende Hand in Erinnerung bleiben. Die nicht fassen, nicht greifen, nicht einmal streicheln konnte, sondern nur immer dies periphere, verwischende Reiben über sich brachte. Ein Liebkosen, das Gänsehaut erregen konnte. Darf man überhaupt, wenn man an solcher Behinderung krankt, einen anderen zu sich bitten? Wie sehr hat er darunter gefröstelt und es doch erduldet, sich damit abgefunden schließlich, weil sonst nur Gutes von ihr kam, vor allem ihre ernste, unbeholfene Körperkraft, die ihn noch immer fesselt!

P: Wieder ein Körper, dachte er, während sie sich auszog.

B: Sie traut sich nichts mehr zu. Still sieht sie ihn an, die Wange schräg auf den Handrücken gelegt, mit mutlosem Lächeln. „Ich kann nicht gehen“, sagt ihr Blick, „du mußt es tun.“

P: Eine elegante Frau, die mir sanft unter das Hemd fährt – so würde ich jetzt den Lebensdruck wiederkriegen.

B: Weibliche Kälte? Sie weigert sich, sie will dich nicht, obgleich doch soviel für dich spricht? Aber ist sie wirklich kalt in ihrem Wesen oder bist nicht du nur überhitzt. Unter den Geschlechtern weisen Temperaturen recht verläßlich Macht und Anziehungskräfte nach. Tröste dich jedoch, auch diese scheinbar Kälteste wird eines

Tages vor irgendeinem Gleichgültigen so hilflos und vergeblich glühn wie du vor ihr.

P: Sie sagte: „Ich bin allen Männern, die ich einmal geliebt habe, Freund geblieben!", und ich dachte sogleich: „Nun, mit mir soll es diese Schweinerei nicht geben!"

Heilige oder Hure? Man muß es nur zu nehmen wissen.

P: Einer nur daliegenden, nur wartenden, auf sich selber horchenden, mit geschlossenen Augen sich „dem Vergnügen" hingebende Frau sagen wollen: „Hallo, ich bin es – kein Schwanz!"

B: Durch einen unglücklichen Zufall wurde er Zeuge ihrer alltäglichen, erbärmlichen Erniedrigungen. Er mußte mit ansehen, wie diese Frau, die für ihn unerreichbar schien und ihn anzog mit wunderbaren Kräften, dem anderen zur billigsten Verfügung war. Wie er sie abstoßen und beleidigen durfte, wie er ihrer überdrüssig war und sie zu gar nichts gebrauchen konnte; und wie sie dennoch vor ihm kauerte, seine Knie umfaßte und darum winselte, wenigstens seine Mißhandlungen empfangen zu dürfen.

P: Ihr meinen Körper zu kosten geben.

B: In dem einen Verhältnis ist sie die Geschundene und Geschmähte. Im anderen ist sie die Thronende und Begehrte. Dort liegt sie zu Füßen, hier setzt sie den Fuß auf den Nacken. Dort wird sie gedemütigt, hier angebetet und verehrt.

P: Gesichter von Frauen in der Eisenbahn: es fehlt nur noch der Geschlechtsakt zu ihrer Schönheit.

Man muß sie nur zu nehmen wissen? Wie schön ist doch Gewalt!

B. erzählt eine Geschichte:

Eines Tages stand vor ihr ein sonderbarer Mann, der nicht den üblichen Bewerbern glich. Er war von großem Unwillen erfüllt und bezichtigte sie der Bosheit und der bösen Zauberkünste.

„Ich bin gekommen und muß dich hassen...“

Das war der Fremdling des Begehrens, ein zeitverirrter Krieger, der den Geschlechterkampf wiederaufnehmen wollte.

Plötzlich, aus dunkler Ferne, tritt er neben sie, steht da, wirr und bereit, ein Deserteur, halb verwildert, der unzählige Jahre allein im Busch gelebt und vom Ende des Krieges nie etwas erfahren hatte.

„Geschlechterhaß?“ fragt sie hellhörig und sehr verwundert. „Ja, da gab es mal etwas, vor langer Zeit. Ich denke nur, der Kampf ist längst entschieden.“

Ungelegen, verspätet kommt der Mann. Viele Male vergeblich frug er an, bei unerschrockenen Frauen, die nur bedauernd den Kopf schüttelten, sich eine Zigarette anzündeten und weiter in der Zeitung lasen.

Atalante aber zögert schon, sie wird gereizt, gespornt von seinem rauhen Fordern, seiner reinen Gestrigkeit. Ein Fremder, ein wahrhaft Fremder, so denkt sie, der da auf der Schwelle steht, kaum Worte findet und nur droht. Nicht weiß, wohin mit seinem großen, unbeholfenen Verlangen, zu kämpfen –

Sie gibt ihm nach; sie stellt sich ihm entgegen. Die gutgespielte männergleiche Rolle fällt wie ein leichter Überwurf, die Jägerin wechselt ihre Waffen, wird schmelzend lügnerisch, kokett und schutzbedürftig, unstet und lasterhaft; sie lacht, verhöhnt und betet an; sie hält die derbsten Blicke aus und läßt sich „Weib“ nennen.

P. erzählt auch eine Geschichte:

Die lange Busfahrt durch die Vorstädte heute, an wie gerade verprügelten Frauen vorbei, die in ihrem Geprügeltsein kurz schön geworden waren und vor allem bereitschaftslos, ohne Abweisungsmienen und die alte Verschlossenheit, erblüht zu Ansprechbaren durch den vorübergehenden Verlust ihrer Bereitschaftsdienstgesichter; der wehrlose Ernst dieser jungen Frauen, die sich gerade, zum erstenmal geschlagen, darauf gefaßt gemacht haben, daß sie ab jetzt leiden werden, für eine nicht absehbare Zeit.

Ende der Schmerzstrecke

Gemischte Gefühle machen sich in mir breit. Einerseits denke ich, schulden wir B. und P. Dank für ihre Offenheit. Die – zugegeben: ihre autobiografischen Materialien wie einen Steinbruch benutzende – Collage von Zitaten eröffnet den Ausblick auf einen Zustand, der sonst auf diesem Niveau nicht verhandelt wird. Es ist leicht, sich über den plumpen Sexismus irgendeiner modischen Trends hinterherhechelnden oder vorauseilenden Zeitschriftenredaktion – je nach Gemütslage – zu verwundern oder zu empören. Daß in der dünnen Luft der sogenannten großen Literatur der Gegenstand – falls wir akzeptieren wollen, für einen Moment noch einmal die Frauen als Objekte hinzunehmen – auf keine andere Weise verhandelt wird als in den Niederungen, das ist eine Erkenntnis, die unser Interesse wert ist.

Andererseits packt mich aber auch eine tiefe Niedergeschlagenheit, wenn ich bedenke: so also denken sie. So sehen sie uns. In dieser Weise werfen sie derbe Blicke auf das Weib und ergötzen sich an der Schönheit geprügelter Frauen. Der ganze vorgezeigte Feinsinn – in Büchern, Filmen und wo sonst noch die einsamen Wölfe ihre Bahn ziehen – bröckelt, und hinter der Fassade kommt eine alte Geschichte zum Vorschein. Die Kehrseite der Sensibilität ist außer der wenig vorteilhaften Tugend der Eigenliebe: Verachtung noch in der Stilisierung, Ekel auch bei der Betrachtung der Schönheit, Abscheu vor der so anderen, Gefühlskälte mindestens – kurz: Misogynie.

„Eine schöne, strenge, üppige, kalte, schwingend sich bewegende, begeisterte Frau, die nun auch noch ein Revolutionslied anstimmt: Wie ich sie hasse!" (Peter Handke)

Ja, und was machen wir da? Botho Strauß weiß es im voraus: Wir werden ihm nichts tun. Frauen tun so etwas nicht, sie schlagen nicht zurück.

„Schwer, nicht wahr, beinahe unmöglich, sich eine Misanthropin vorzustellen. Wohl die rasende, die haßsüchtige, die närrische Frau. Aber kaum doch die gallenbittere, mit verächtlichem Scharfsinn geschlagene. Beinahe schon untergegangen, sehr zerstört, mit wehendem Kleid verliert eine Frau doch nie die Fühlung mit Mutter Gesellschaft. Nie ganz entmütterlicht, wenn auch verirrt und unansprechbar, nie Verräterin am Prinzip des Mitmenschentums. Ist es also männlich allein, einer gegen alle zu sein und am Unglück seinen Ehrgeiz, seine Geisteskräfte zu stärken?"

Mag sein. Mag auch sein, daß das nicht für alle gilt. Mag sogar sein, daß Frauen – aus verschiedenen Gründen – gesellschaftlichere Wesen sind als Männer, jedenfalls solche geworden sind, weil sonst die Unordnung noch größer wäre. Kann allerdings auch sein, daß auch das nicht für alle gilt. Das kann aber wohl nicht bedeuten, auf die wenig erfreulichen Bilder im Kopf unserer großen Jungen mit mütterlicher Gelassenheit zu blicken und darauf zu hoffen, daß sich das schon noch zurechtbiegen werde. Das tut es nämlich nicht – schon gar nicht von allein. Wie aber dann?

Zu den Bildern, die die neuen Männer von sich selbst haben, gehören die Bilder, die sie von Frauen haben, notwendig und komplementär hinzu. Wenn die einen, die Bilder von Frauen, so alt sind, wie unsere Erinnerung reicht, dann können die anderen so taufrisch und gänzlich anders als das, woran wir uns erinnern, auch nicht sein.

Es ist eine herbe, aber unausweichliche Erkenntnis: wir leben mit den alten Herrschern. Der einsame Wolf ist auch bloß eine Stilisierung.

Was tun?

Anmerkung:

Das erste Zitat von Botho Strauß stammt aus dem Roman „Der junge Mann“, erschienen im Hanser Verlag.

Das zweite Zitat von Botho Strauß stammt aus dem Gedicht „Diese Erinnerung an einen, der nur einen Tag zu Gast war“, ebd.

Alle anderen Zitate aus: Botho Strauß, „Niemand anderes“, Hanser, und: Peter Handke, „Das Gewicht der Welt“, Residenz-Verlag (auch als Suhrkamp-Taschenbuch 500 erschienen).

Männerbünde

Claudia Pinl

WAS AUCH DIE GRÜNE WELT IM INNERSTEN ZUSAMMENHÄLT

Notizen über ein Prinzip: Seilschaften

In der Bundestagsfraktion der Grünen gibt es die Realos und Zentralos, die Brutalos und Neutralos, es gibt die Fundamentalos und Emotionalos, die Promis und die Dummen, wie kürzlich eine Zeitschrift treffend feststellte. Nur die Frauen gibt es nicht. Oder vielleicht sind ja die Frauen die Dummen.

Dabei haben die Grünen als einzige politische Partei in der Bundesrepublik die Geschlechterparität, das heißt eine Frauenquote von mindestens fünfzig Prozent, zum Strukturmerkmal ihrer Organisation gemacht. Frauen sind zwar nur zu einem Drittel in der Mitgliedschaft der Partei zu finden, stellen aber sechs von elf Mitgliedern des Bundesvorstands, vier von sechs Menschen des Fraktionsvorstands im Bundestag, über die Hälfte aller Delegierten auf den Parteitagen, 25 von 44 grünen Bundestagsabgeordneten. Die Geschlechterparität ist Grundlage fast aller programmatischen Aussagen der Grünen – vom Umbauprogramm bis zum Entwurf eines Antidiskriminierungsgesetzes.

Eine grüne Frauenvollversammlung im Bundestag kurz nach den Wahlen gab zu den schönsten Hoffnungen Anlaß. Fast alle 25 frischgebackenen weiblichen Abgeordneten waren erschienen. Frau beschwerte sich durch die Bank, wie schwer sie es doch in dieser Partei habe, wie mackerhaft die Macker im grünen Wahlkampf gewesen seien, und daß jetzt alles anders werden müsse. Da war sich die Krankenschwester mit der Computerfachfrau, die Studentin mit der Hausfrau einig.

Aber schon wenige Tage später, als es um die Wahl des Fraktionsvorstands und die Benennung der Ausschußmitglieder ging, war von der aufkeimenden Frauensolidarität nichts mehr zu spüren.

„In einer kleinen Gesellschaft kann sich der gesamte männliche Block als ein geschlossener Verband organisieren, doch im allgemeinen formiert sich eine Vielzahl von Zusammenschlüssen, die jeweils ihre eigenen Embleme und Geheimnisse haben und die teils miteinander rivalisieren, teils sich gegen die Männer anderer Gesellschaften verbinden... Oft ist die Gruppe nichts weiter als ein Selbstzweck und scheint nur die Aufgabe zu haben, verschiedene Bedürfnisse zu befriedigen: das Bedürfnis, sorgfältig abgestufte Rangabzeichen zur Schau zu tragen, sich in einer Statushierarchie mit komplizierten Regeln zu organisieren, gemeinsam zu essen und zu trinken, Krach zu machen und sich zu produzieren, Verschwiegenheit und Loyalität zu praktizieren, die Frauen entweder völlig auszuschließen oder nur bei bestimmten Anlässen zuzulassen... Vielleicht plant die Gruppe die Übernahme der Regierungsgewalt, oder sie bildet selbst die Regierung und findet sich, in freundschaftlicher und vertrauensvoller Kameraderie, im Kabinettsaal oder im Hauptquartier der Militärjunta zusammen.“

Lionel Tiger, Robin Fox: Das Herrentier, S. 115/117, Gütersloh 1973

In der kleinen Gesellschaft der Grünen sind es vor allem zwei Gruppierungen, die von sich reden machen, Fundis und Realos. In den Kategorien der amerikanischen Soziobiologen Tiger und Fox, die das Gruppenverhalten heutiger Menschen auf die Jagdgepflogenheiten unserer urzeitlichen Vorfahren zurückführen, entsprechen vor allem die Realos den Grundregeln männlicher Cliquenbildung der Steinzeit: eine durch persönliche Freundschaften, langjährige gemeinsame politische Erfahrungen und dem festen gemeinsamen Willen, zur rechten Zeit an den richtigen Strippen zu ziehen, verbundene Männergruppe.

Die „Fischer-Gang" hat Joschkas Abgang nach Hessen überlebt, er kommt auch oft genug nach Norden, um in Bonn nach dem rechten zu sehen und um in der Kungel-Kneipe „Provinz" die nächsten taktischen Schritte zu beraten. Im Trio Fischer, Hubert Kleinert, Otto Schily hat „Hubsi" Kleinert die Rolle des treuen Paladin, der vor allem dafür sorgt, daß nach innen und hinter den Kulissen die realpolitische Maschinerie reibungslos läuft. Als parlamentarischer Geschäftsführer der Grünen im Bundestag hat er dafür gute formelle Voraussetzungen durch Insider-Wissen und einen organisatorischen Apparat. Hubsi bringt es auch fertig, einen an der Fraktion, ihrem Vorstand und ihrer Pressestelle vorbei zustandegekommenen Auftritt der „Fischer-Gang" vor der Bundespressekonferenz mit seiner Freundschaft zu Joschka zu begründen, den er in der Stunde der Not nach dem Platzen der rotgrünen Hessenkoalition nicht habe im Stich lassen können. Das Persönliche ist politisch...

Aber auch die Fundis verzichten nicht auf den Kitt, der die Welt im Innersten zusammenhält, die Männerfreundschaft. Unser Paar der Saison heißt hier Trampert-Ebermann. Wir kennen die Geschichte über die gemeinsame Freizeitgestaltung auf der Hamburger Trabrennbahn aus „Transatlantik". Soeben ist im Hochhaus „Tulpenfeld", dem parlamentarischen Sitz der Bundestagsgrünen, das Verhältnis auch arbeitsrechtlich besiegelt worden, indem nämlich der Rainer einen Job als wissenschaftlicher Mitarbeiter beim Thomas bekam.

Und seitdem, und auch schon früher, sind das Spannendste an den öffentlichen Fraktionssitzungen die Rededuelle zwischen den Spitzenkräften der jeweiligen Formation, Ebermann und Schily. Vor allem, wenn das Fernsehen dabei ist.

Natürlich schwimmen auch Frauen in beiden Strömungen mit, aber oft hat frau den Eindruck: sie gehen trotz heftiger Schwimmbewegungen unter.

Das bringt mich zum Ausgangspunkt zurück: die Besetzung der parlamentarischen Schlüsselstellungen nach der Wahl vom 25. Januar. Die in der Grünen Fraktion begehrtesten Ausschußsitze waren die im Auswärtigen Ausschuß (das Tollste vom Tollen, wie nicht nur die Vertreter der „Altparteien" wissen), im Innenausschuß (Volkszählung, Datenschutz, innere Sicherheit) und naturgemäß im Umweltausschuß. An allen drei Ausschüssen bestand großes Interesse von seiten mehrerer kompetenter Frauen. Aber die Strömung war zu stark, die Frauen gingen baden. Statt diese Ausschüsse jeweils mit zwei Frauen und einem Mann zu besetzen, wie ein Vorschlag von Christa Nickels lautete, war das Ergebnis genau umgekehrt: zwei Männer, eine Frau machten jeweils das Rennen. Die niedersächsische Spitzenkandidatin Lilo Wollny, Anti-AKW-Aktivistin, mußte sich zum Beispiel mit einem Stellvertreter-Posten im Umwelt-Ausschuß zufriedengeben. (Nach einem Ringtausch zwischen verschiedenen Ausschüssen sitzen im Innenausschuß jetzt zwei grüne Frauen.) Überflüssig zu sagen, daß Frauen gegen andere Frauen stimmten, wenn diese nicht dem „richtigen" Flügel angehörten.

Das gleiche wiederholte sich bei der Einstellung von Mitarbeitern und Mitarbeiterinnen. Ursprünglich hatte die neue Fraktion den Quotierungsbeschluß der alten Fraktion übernommen, wonach nicht nur die Stellen insgesamt auf Männer und Frauen aufgeteilt werden sollten, sondern auch die einzelnen Arbeitsbereiche paritätisch zu besetzen waren. Kaum war die neue Fraktion zusammengetreten, drängelte sich bereits eine Vielzahl männlicher Bewerber um neue oder freigewordene Posten als wissenschaftliche Mitarbeiter und wurden eingestellt. Auch von weiblichen Abgeordneten. Betriebsrat und Arbeitskreis Frauenpolitik mußten mehrmals nachdrücklich an den Quotierungsbeschluß erinnern. Allerdings nur in bezug auf die „Wissenschaftlichen". Sachbearbeiterstellen, zwei Gehaltsgruppen tiefer, sind naturgemäß beim männlichen Geschlecht nicht so begehrt und bleiben daher auch bei den Grünen mehrheitlich den Diplompädagoginnen und anderen arbeitslosen Akademikerinnen vorbehalten, so daß der Fraktionsgeschäftsführer feststellen konnte, der Quotierungsbeschluß auf dieser Ebene sei bereits „übererfüllt".

Doch welches Ungemach entdeckte der zu zwei Dritteln aus Frauen bestehende Fraktionsausschuß am 7.4.1987 (laut Protokoll)? „Ein Einstellungsverbot für qualifizierte männliche Bewerber auf einzelne wissenschaftliche Mitarbeiterstellen" in den Bereichen Umwelt und Außenpolitik.

Für den Arbeitskreis Umwelt bewarben sich ein Mann und eine Frau mit gleichen Qualifikationen. Aber der Mann hatte die „größere Erfahrung" und wurde eingestellt. Eine Verfahrensweise, die im „Antidiskriminierungsgesetz" der Grünen zu Recht als frauenfeindlich beschrieben wird. Mit Milan Horacek, Uli Fischer und Roland Vogt bewarben sich im Bereich Außenpolitik gleich drei ehemalige Abgeordnete um Stellen. Der Vorstand empfahl der Fraktion, den Quotierungsbeschluß dahingehend abzuändern, daß nicht mehr die einzelnen Arbeitskreise paritätisch zu besetzen seien, sondern nur noch die wissenschaftlichen bzw. Sachbearbeiter-Stellen insgesamt. So wurde es mit großer Mehrheit beschlossen. Realos und Fundis waren sich ausnahmsweise einig. Denn vor Thomas Ebermanns Bürotür wartete bereits der als Parteisprecher ausgeschiedene Rainer Trampert. Nur die Frauenströmung, die gab's mal wieder nicht. Das Ganze erinnert stark an die Diskussion um Grenzwerte für Radioaktivität: Wenn es opportun ist, werden die Grenzwerte halt heraufgesetzt.

„Es hat natürlich weibliche Herrscherinnen gegeben, die viele ihrer männlichen Pendants überragten... Aber keine Königin hat sich jemals mit weiblichen Beratern, weiblichen Beamten, weiblichen Generälen etc. umgeben. Die Amazonen existieren lediglich in der Phantasie der Männer. Sogar in Gesellschaften, in denen die Thronfolge die Frauen mehr begünstigt, geben die Männer letztlich den Ton an."

Tiger, Fox, S. 119.

Die Nachricht klang zunächst ganz unwahrscheinlich: Waltraud Schoppe, bundesweit bekanntgeworden, weil sie in einer Rede zur Abtreibung die hauptsächlich vorkommende Art männlicher Sexualität als einen Akt von Herrschaft beschrieben und damit den Deutschen Bundestag in einen grölenden Männermob verwandelt hatte, bestellte vier Jahre später Udo Knapp, einen Alt-Achtundsechziger, der sich, neben anderen unangenehmen Eigenschaften, durch sein grobschlächtiges Chauvitum in der Fraktion hervorgetan hatte, zu ihrem Vorstandsmitarbeiter.

Knapp gilt als verlängerter Arm Schilys im Vorstand, denn Otto hatte es nicht geschafft, in dieses Gremium gewählt zu werden.

Udo fühlt sich seitdem auch für die Frauenpolitik zuständig. Wild erregte er sich auf der Bundesdelegiertenkonferenz im Mai 1987, als ein erster Antrag zur Gründung einer Bundesarbeitsgemeinschaft „Mütterpolitik" abgelehnt wurde. Knapp, der einst mit einem der Gründerväter der „Taz", Christian Ströbele, von Berlin an den Rhein kam, nutzt seine engen Beziehungen zur Realo-Riege in der politischen Redaktion des Berliner Alternativblatts recht intensiv. Selbst über ihm unpassend erscheinende Berichte auf der „Taz"-Frauenseite beschwert er sich bei seinen Freunden in der aktuellen Redaktion. „Taz"-Berichte aus Bonn, die die Grünen betreffen und nicht vom zuständigen Bonner Büro geschrieben sind, haben meist ihren Ursprung im „Büro Schoppe".

Waltraud Schoppe, die Vorzeige-Reala in der „Fischer-Gang", hat es indes nicht leicht. „Herr Kleinert, Herr Schoppe, Herr Schily..." – der Versprecher eines Journalisten bei einer der Pressekonferenzen des Freundeskreises Fischer ist symptomatisch. Bei den gemeinsamen Auftritten mit Kleinert, Schily und Co. wirkt sie immer ein bißchen im Abseits, wie nicht ganz dazu gehörig. Sie hat viel von ihrer Frische und ihrer Farbigkeit eingebüßt, seit sie im Interesse „realistischer" Politik auf ihre feministische Frechheit verzichtete.

Taktische Winkelzüge, kalkuliertes Vorgehen, Opportunität – dem (männlichen) Charisma von Schily und Fischer scheint es keinen Abbruch zu tun. Die (männliche) Journalisten-Meute stürzt sich weiterhin auf ihre Lieblinge. Schoppe, Bärbel Rust, Christa Vennegerts bleiben im Abseits. Nun ja, Ellen Olms oder Angelika Beer geht es mit ihrem Thomas Ebermann ja auch nicht anders...

Zur Kameraderie im weiteren Sinn der männlichen Realos gehören auch die ein bißchen links der Mitte stehenden Journalisten von „Stern", „Spiegel" oder WDR. Da hilft man sich gegenseitig, wenn Not am Mann ist. Vier bis fünf Mal kurvt Otto Schily, wie stets in Anzug und Krawatte, auf dem Fahrrad durchs Betonkarree des „Tulpenfelds", bis ARD-Mann Kunze die Schau im Kasten hat. Alle paar Wochen darf Hubert Kleinert was im „Spiegel" schreiben. Und abends sieht man sich wieder in der „Provinz".

„Aber dieses Narrentum (die Politik) ist eine todernste Angelegenheit. In ihm verbirgt sich die alte Mischung aus Bluffen und Drohen und verzwickter Rivalität, die ein Erbteil des Mannes ist, und sie wirkt nur dann lächerlich, wenn sie aus ihrem evolutionären Zusammenhang gelöst wird. Der Pfau und die männliche Taufliege führen sich bei der Paarung scheinbar wie Verrückte auf, aber die Selektionsvorteile ihres jeweiligen Rituals sind leicht einzusehen. Die Rituale des männlichen Dominanzverhaltens in der Politik sind offenbar notwendig und unabdingbar wie der Schwanz des Pfauhahns oder der Tanz des Taufliegenmännchens."

Tiger, Fox, S. 123.

28.4.1987. Erste Fraktionssitzung nach der Hessen-Wahl, die Walter Wallmann ins Amt gespült hat. Das Fernsehen ist da. Fundis und Realos schlagen nach Herzenslust aufeinander ein. Die Tontechniker der Aufnahmeteams von WDR und Sat 1 haben Mühe, mit ihren Mikrofonen durch den vollbesetzten Saal zu ziehen. Denn Schoppe und Kleinert auf der einen Seite, Ebermann auf der anderen sind fast durch die gesamte Länge des Raums voneinander getrennt.

Ebermann: „Die rotgrüne Koalition in Hessen hat bewiesen, daß grüne Inhalte durch Regierungsbeteiligung nicht durchzusetzen sind; es ist wichtiger, den außerparlamentarischen Kampf zu stärken, statt nach Mehrheiten zu schielen." Haarsträubend findet es Waltraud Schoppe, daß Ebermann auf Bewußtseinsänderung setzen will. Ein radikales Reformkonzept lebt von der Überschaubarkeit und der Hoffnung auf Umsetzbarkeit, weiß Hubert Kleinert. Wir waren Hoffnungsträger, bedauert Lilo Wollny offenbar vergangene Zeiten. Die Leute haben Angst vor uns, graust es Antje Vollmer; statt zu polarisieren, sollten wir lieber im Rücken der CDU auftauchen. Thomas Ebermann lehnt es daraufhin für seine Person trotzig ab, zum Bestandteil des Konsens der Demokraten zu werden.

Meine konservativen Kronzeugen aus der Biosoziologie, die Herren Tiger und Fox, finden, daß Politik, „diese weitgehend langweilige Mischung aus Verstellung, Drohung, Angeberei, Hinterlist, Schikane, Biederkeit und Pomphaftigkeit", eine spezifisch männliche Geschicklichkeit erfordere, aber auf halbwegs intelligente Frauen lediglich wie absurdes Theater wirke. Mag sein, aber die grünen Frauen im Bundestag spielen dieses Theater nach Kräften mit. Ihre Statements geraten mittlerweile genauso lang und langatmig wie die der Männer. Fast genauso emsig sind sie um zitierfähige Phrasen in jedem Satz bemüht, damit die Presse was zum Mitschreiben hat; tollkühn jonglieren sie mit den ausgefallensten Bildern und Vergleichen. (Christa Vennegerts: „Wir Realpolitiker müssen so 'ne Art Herzschrittmacher für die Partei sein.") Nur am Drehbuch zu diesem absurden Stück hat sich nichts geändert. Es ist das der Männer.

Um Dialog, um Zuhören, Aufeinander-Eingehen, um Fragen und Antworten geht es dabei nicht. Es ist nicht ungewöhnlich, daß der Vorredner bei einer Entgegnung, die, wie unvollkommen auch immer, auf das Gesagte Bezug nimmt, den Saal verläßt, um draußen im Kreis der eigenen Flügelmänner und -frauen eine Zigarettenpause einzulegen.

Dabei verbindet Fundi- wie Realomänner trotz aller politischen Differenzen immer noch ein gemeinsames Element: Man begegnet sich gegenseitig mit Ernst, ja mit Achtung. Der Respekt vor der sportlichen Leistung auch des Gegners in diesem Spiel bleibt erhalten. Es kommt sogar zu kumpelhaften Annäherungen über die Flügelgrenzen hinweg: Otto geht mit Thomas essen. Verena Krieger und Waltraud Schoppe, die Frauenpolitikerinnen dieser Fraktion, können sich kaum noch Guten Morgen sagen. Für die Frauen der anderen Strömung hat Schily dagegen nur offene Verachtung übrig, die Realo-Kolleginnen behandelt er mit Herablassung. („Noch brauchen wir keinen Herzschrittmacher, das ist ein etwas mißglücktes Bild, kann schon mal vorkommen, ist mir auch schon mal passiert." „Bärbel, irgendwie hast du heute einen schweren Tag!")

„Auch Frauen schließen sich zusammen, allerdings auf andere Art, zu eindeutig anderen Zwecken und mit anderen Folgen für das gesamte gesellschaftliche Gefüge. Um es so knapp wie möglich auszudrücken: Männer verbinden sich im Hinblick auf die Makrostruktur, Frauen im Hinblick auf die Mikrostruktur – das heißt, Frauen befassen sich in der Regel mit zwischenmenschlichen Problemen, die eine persönliche Begegnung einschließen und die Angelegenheiten betreffen, die mit dem Gebären, der Ernährung und der Aufzucht der Nachkommen sowie mit der Ausgestaltung und Betreuung der Wohnung und der unmittelbaren Umgebung zusammenhängen."

Tiger, Fox, S. 126.

„Mütter, die Sklavinnen dieser Gesellschaft – mißbraucht von rechts, von links mißachtet", raunte es im Herbst 86 durch die grüne Szene. Es folgte die Einladung zum „Mütterkongreß", die Verabschiedung eines „Müttermanifestes" und schließlich, vom Duisburger Parteitag abgesegnet, die Einrichtung einer autonomen Untergruppe „Mütterpolitik" innerhalb der als Bastion der harten Feministinnen geltenden Bundesarbeitsgemeinschaft Frauen der Partei. Die Geschwindigkeit, mit der sich die „Mütter" in der grünen Partei ein Fundament geschaffen haben, verblüfft. Natürlich waren es nicht die unter ihrer Isolation leidenden Frauen mit Kindern, sondern erfahrene Politikerinnen wie Christa Nickels, Antje Vollmer und Gisela Erler, die die feministischen „Betonfrauen" mit ein paar geschickten Griffen über den Tisch gezogen haben.

Im Zweifelsfall lernen Frauen schnell die Regeln des „männlichen" Politikgeschäfts. Vor allem, wenn sie, wie die „Mütter", Inhalte vertreten, die nicht gegen männliche Interessen gerichtet sind. Die Frauenseilschaften der Mütterpolitik haben zur Zeit keine besonders schwierigen Gipfel zu überwinden. Und sie haben Rükkenwind, denn allenthalben freut mann sich, daß die Betonfrauen, die Feministinnen mit ihrer ewigen Quotierungsleier und ihren unpassenden Forderungen nach Abschaffung des § 218 und Bestrafung für Vergewaltiger mal eins auf die Nase bekommen.

Sarah Haffner

DIE KUNST IST FREI! HALTET DIE FRAUEN FERN!

Berliner Trauerspiel in drei Teilen

Des Trauerspiels erster und allgemeiner Teil.

Seit rund achtzig Jahren sind Frauen als Studentinnen an Kunsthochschulen zugelassen. Heute machen sie fast die Hälfte der Studentenschaft aus. Ein Zeichen fast erreichter Gleichberechtigung, könnte man meinen. Doch der Schein trügt.

Obwohl der Anteil der Studentinnen höher ist als an wissenschaftlichen Hochschulen, ist der Anteil an weiblichen Lehrkräften noch geringer als dort. Aus einer Statistik des Zentrums für Kulturforschung in Bonn geht hervor, daß an drei Kunsthochschulen (Frankfurt, Karlsruhe, Nürnberg) das Lehrpersonal sogar durchweg männlich ist. Die Westberliner Hochschule der Künste schneidet neben der Düsseldorfer Kunstakademie noch am günstigsten ab. An den vier künstlerischen Fachbereichen (Bildende Kunst, Design, Visuelle Kommunikation und Kunsterziehung) gibt es in Berlin 92 Professoren und 10 Professorinnen.

Ein Blick in das Vorlesungsverzeichnis trübt allerdings das noch vergleichsweise positive Bild. Professorinnen gibt es in Bereichen wie Textiles Gestalten, Keramikgestalten oder Bekleidungsdesign. Keine einzige Frau leitet eine Klasse für freie Malerei oder Bildhauerei oder eine Klasse für Grafik. Die „reine Kunst“ und auch die höhere angewandte sind, was die Lehre betrifft – abgesehen von einigen Assistentinnen und Lehrbeauftragten –, Domäne von Männern.

Die Hochschule fällt hier übrigens hinter ihre eigene Vergangenheit zurück. In den Jahren 1931 bis 1933 leitete Käthe Kollwitz eine Meisterklasse für freie Grafik, und auch in den doch als konservativ berüchtigten fünfziger Jahren leitete eine Frau an der Berliner Kunsthochschule eine Bildhauerklasse: Renée Sintenis.

Die feministische Diskussion der letzten gut fünfzehn Jahre, die woanders immerhin Öffnungen geschaffen hat, ist an der Kunsthochschule fast spurlos vorübergegangen. Ihrem Selbstverständnis nach progressiv, offen für neue Entwicklungen und ein Ort experimenteller Kreativität, erweist sich die Hochschule in Wahrheit als besonders konservativ, eine rückwärts gewandte, resistente Festung patriarchalischen Denkens.

Die Leidtragenden sind vor allem die Studentinnen, deren doppeltes Dilemma in einem Zitat deutlich wird.

„Bei einer Frau würde ich lieber studieren, weil ich mich mit ihr besser auseinandersetzen könnte. Ich könnte mit ihr über ganz bestimmte Probleme reden, zum Beispiel: wie bring' ich mein Frau-Sein in die Malerei ein – was mich interessiert, was ich aber mit dem Typen nicht besprechen kann. Denn der Typ, der hat Puppenfreundinnen, die mit Leopardenanzügen durch die Gegend rauschen. Ich meine, das ist ja ganz nett zum Anschauen, aber für die Kommunikation bringt's halt nicht viel."

An der Hochschule geistert noch immer die Vorstellung vom Maler und seinem – natürlich weiblichen – Modell herum. Studentinnen bekommen leicht das Gefühl, daß ihre Arbeit nicht wirklich ernst genommen wird, daß sie in erster Linie als Frauen und kaum als Studentinnen angesprochen werden. Die Professoren bestreiten das nicht einmal. Zitat eines Berliner Professors: „Die Begegnung mit Frauen ist wohl mehr etwas Körperliches." Ansprechpartner/innen für Studentinnen, die sich mit Problemen herumschlagen, die sie speziell als künstlerisch arbeitende Frauen beschäftigen, gibt es nicht.

Um nicht mißverstanden zu werden: ich rede hier keiner Frauenkunst im Sinne von Performance, Patchwork oder Pelz- und Federapplikationen das Wort. Auch nicht irgendeiner anderen Form von „weiblicher Ästhetik": runden Formen, mit Menstruationsblut gemalten Bildern oder Ähnlichem. Ganz sicher gibt es aber Inhalte, die Männer weder darstellen noch kommentieren können, ganz einfach weil Männer sie nicht oder anders erfahren.

Eine Ausstellung weiblicher Darstellungen von Männern vor ein paar Jahren in London machte deutlich, wie unterschiedlich die Sichtweisen der beiden Geschlechter sind. Dort sah ich unter anderem zum ersten Mal Voyeurismus aus der Sicht der Beobachteten dargestellt, nicht aus der Sicht des genußvoll Teilhabenden. Und ein Film wie „Winterkinder", der die Gefühle von Frauen zeigt, die auf einer Krankenhausstation liegen, auf der Risikokinder geboren werden, hätte ganz sicher nicht von einem Mann gedreht werden können.

Ich plädiere nicht dafür, daß Frauen sich ausschließlich mit „Frauenthemen" befassen. Sie müssen auch das Allgemeine für sich beanspruchen. Die beiden Beispiele machen aber deutlich, daß ganze Bereiche menschlicher Erfahrung in der Darstellung der Erfahrung bisher fehlen. Simone de Beauvoir sagte dazu: „Die Darstellung der Welt, wie die Welt selbst, ist das Werk von Männern. Sie betrachten sie aus ihrer eigenen Sicht, die sie mit der absoluten Wahrheit verwechseln."

So war es bisher, und so wird es auch an der Kunsthochschule weiter tradiert. Studentinnen, die sich mit weiblichen Themen auseinandersetzen oder auch nur versuchen, ihre eigene Situation zum Thema ihrer Malerei zu machen, werden nicht nur mit ihrer Arbeit weitgehend alleingelassen – sie bekommen bestenfalls eine rein formale künstlerische Korrektur –, sondern oft genug bestraft mit Diskriminierung, die bis zum Durchfallenlassen bei Prüfungen geht. Sie gelten als „Emanzen" oder als „fanatisch" (Zitat aus einer Meisterschülerernennung).

Bei dieser vorgestrigen Einstellung der Mehrzahl der Professoren kann es kaum verwundern, daß sie, auch gegen den erklärten Wunsch von Studentinnen, immer wieder die Berufung von Frauen verhindern.

Zwei Beispiele:

1980 wurde die Stelle eines Professors für Malerei am Fachbereich Kunsterziehung ausgeschrieben. An diesem Fachbereich, an dem es sogar mehr Studentinnen als Studenten gibt, hatte sich eine Frauengruppe gebildet und gefordert, daß diesmal endlich eine Frau eingestellt werden sollte. Es bewarben sich mehrere qualifizierte Frauen, von denen eine in die engere Auswahl kam und von den Studentinnen favorisiert wurde. Genommen wurde ein Mann. Ein Professor begründete seine Stimmabgabe mit dem Satz: „Er ist mir näher."

Sechs Monate später wurde am gleichen Fachbereich wiederum eine Professur für Malerei ausgeschrieben, auf die sich wieder mehrere bekannte Künstlerinnen bewarben. Diesmal forderte der Berufungsausschuß an der Bewerbungsliste vorbei Georg Baselitz auf, die Professur zu übernehmen. Er sagte zu unter der Bedingung, daß er tausend Mark mehr monatlich als zusätzliches Gehalt und außerdem einen Assistenten bekäme. Die Hochschule willigte ein, ungeachtet der Tatsache, daß sie zu diesem Zeitpunkt schon ein Sparprogramm eingeleitet hatte, das besonders die Lehrbeauftragten betraf, also die wenigen Frauen, die an der Hochschule unterrichten. Baselitz dankte.

Eine Notiz im Berliner Kunstblatt vom April 1984 unter der Überschrift „Was selten ist, ist auch teuer“: „Die Berliner HdK ist stolz darauf, einen so berühmten Künstler wie Georg Baselitz an der Hochschule zu haben. Sie läßt es sich auch etwas mehr kosten als bei anderen Professoren. Wie durch seine Studenten zu erfahren ist, rechtfertigt Professor Baselitz die besondere Bezahlung mit besonders seltenem Erscheinen.“

Kein Einzelfall übrigens. Auch am Fachbereich Visuelle Kommunikation gibt es einen bekannten Professor, der Prüfungsaufgaben nicht wahrnimmt, weil er einen großen Teil des Jahres in den USA verbringt. Seine Arbeit dürfen Assistentinnen machen.

In der Folge dieser Ereignisse bildete sich an der Hochschule eine Fraueninitiative, die 1982 immerhin einen Beschluß beim Akademischen Senat durchdrückte, daß in Zukunft bei gleicher Qualifikation bevorzugt Frauen eingestellt werden sollen.

Nur: was ist „gleiche Qualifikation“? Ein Name auf dem Kunstmarkt, dessen Gesetze – auch was das Künstlerische betrifft – durchaus anfechtbar sind, bürgt noch lange nicht für pädagogische Fähigkeiten. Die Hochschule ist aber deshalb so auf Namen erpicht, weil das Gros der Professoren, die dort sonst noch unterrichten, in jeder Beziehung so offensichtlich mittelmäßig ist. Viele von ihnen arbeiten kaum noch oder gar nicht mehr selber als Künstler. Das hindert sie allerdings nicht daran, ihr Erscheinen in der Hochschule auf ein Minimum zu beschränken.

Die Hochschule selbst ist ein Monument für die Unfähigkeit der dort unterrichtenden Männer, menschliches Zusammenleben nicht nur schlecht und recht zu organisieren, sondern auch zu gestalten. Die Atmosphäre in der Hochschule ist abweisend, von anonymer Kälte. Studierende, die bereits im dritten Semester in der gleichen Klasse studieren, kennen sich oft noch nicht einmal mit Namen. Wirklich: alles in allem ist die Hochschule eine abschreckende Männerinstitution.

Des Trauerspiels zweiter Teil – 1984.

Zu dieser Zeit lief am Fachbereich Bildende Kunst wieder ein Berufungsverfahren. Es ging um eine Professur für Bildhauerei. Unter den vier Bewerbern war eine Frau, eine bekannte Bildhauerin. Ihre Kandidatur war diesmal sogar nach einem Meinungsbild von der Mehrheit aller Hochschullehrer im Fachbereich und der Mehrheit der unterrichtenden Bildhauer unterstützt worden. Aber ungeachtet des eindeutigen Votums der Professorenversammlung und trotz des Frauenbeschlusses des Akademischen Senats entschieden der Berufungsausschuß und der Fachbereichsrat anders. Die qualifizierte Künstlerin, die einzige Frau, die sich beworben hatte, wurde auf der Berufungsliste einfach übergangen.

Des Trauerspiels dritter Teil – 1987, ein Epilog.

Es würde zu weit führen, hier sämtliche Kapitel dieses Dramas ausführlich zu referieren. Nur so viel:

Die Berufungsliste wurde von einem neuen Fachbereichsrat umgestoßen, die Frau auf den ersten Platz gesetzt. Der zuständige Senator machte zur Bedingung für die Berufung, daß der Fachbereichsrat ein einstimmiges Votum abgeben müsse. Die Bedingung wurde erfüllt.

Trotzdem gibt es keine Professorin für Bildhauerei am Fachbereich Bildende Kunst. Diesmal wurde außerhalb des Fachbereichsrates gegen die Frau intrigiert. Eine Gruppe von Professoren schrieb einen Protestbrief an den Senator, und der verlangte nun Einigkeit im gesamten Fachbereich. Er selbst schlug zusätzlich einen international renommierten Künstler für die Stelle vor. Der Fachbereich einigte sich – wieder einmal an der Berufungsliste vorbei – auf einen dritten Bildhauer. Für den vom Senator vorgeschlagenen Künstler wurde eigens eine neue Stelle geschaffen.

Inzwischen ist die einzige Professorin am Fachbereich Bildende Kunst, die eine Werkstatt für Siebdruck leitete, emeritiert worden. Das Verhältnis männlicher zu weiblicher Professoren, vor drei Jahren 28 zu 1, ist jetzt 31 zu null.

Die wohl bedeutendste Persönlichkeit – menschlich wie künstlerisch –, die je an der Berliner Kunsthochschule unterrichtet hat, war eine Frau. Aber Käthe Kollwitz würde bei den jetzigen Gremien wahrscheinlich auch nicht mehr durchkommen.

Heide Pfarr

WAS FRAUEN WIRKLICH SCHAFFT, IST ETWAS ANDERES

Leicht faßliche Widerlegung aller Argumente gegen Quotierung und Frauenförderpläne

Eine neue Politik geht durchs Land: Frauen sind in. Kein Kongreß ohne das Thema „Frauen", wenn möglich am Schluß. Alle Parteien haben die Frauen entdeckt, wenn auch nicht gleich in den eigenen Reihen. Aktive Gleichstellungspolitik, Frauenpolitik, Frauenförderung sind Mußbegriffe, die jeder drauf hat. Nicht mal in Bayern trauen sich die Politiker noch laut zu sagen, daß das Gejammer über die Benachteiligung von Frauen doch ein Schmarrn sei. Gewerkschaftsfunktionäre lachen nicht mehr, wenn Frauen das Thema „sexuelle Belästigung im Betrieb" ansprechen, sie fühlen sich nur noch entsetzlich unbehaglich und das nicht nur, weil dieses Problem so schwer in den Grundwiderspruch zwischen Kapital und Arbeit einzufügen ist.

Lange, allzu lange ist das Problem der Gleichstellung der Frauen in Gewerkschaften und Parteien dadurch gelöst worden, daß das weibliche Defizit in Tagesordnungspunkten und Verlautbarungen sowie der Wahl einer obligaten Alibifrau aufgehoben und verwaltet wurde. So ist wenigstens an dieser Stelle entbehrlich, erneut die mangelnde Vertretung von Frauen in Parteien und Gewerkschaften zu analysieren und in die ebenso berechtigten wie verbreiteten Klagelieder einzustimmen. Spannender ist es aufzuzeigen, welche Widerstände es gegen die Gleichstellung der Frauen in Parteien und Gewerkschaften gibt, und damit einen weiteren Nachweis dafür zu liefern, daß es ohne eine Quotenregelung zugunsten der Frauen nicht geht.

Von Beginn an mangelte es in diesen Organisationen weder an Appellen, Frauen stärker zu berücksichtigen, noch immer wieder und immer erneut an der Veranlassung dazu. Wenn wir mal probehalber davon ausgehen, daß die Appelle eine weitergehende Wirkung entfalten sollten als die, die Appellierenden zu schmücken und zu entlasten, so mußten sie jedenfalls daran scheitern, daß keine der notwendigen Voraussetzungen für eine Wirksamkeit gegeben waren. Weder lag naives Nichtwissen vor, das durch Aufklärung zu erhellen war, noch dumpf unbewußte Bösartigkeit, die zur Verflüchtigung lediglich einer entsprechenden Beschlußlage der Organisation bedarf.

Und was die Frauenförderpläne betrifft: die meisten – nicht alle, EvaRühmkorfseidank! – derartigen Leitlinien oder Pläne haben bei ganz gutwilliger Interpretation lediglich folgenden Inhalt: sie fordern Personalentscheider dazu auf, daß sie zukünftig auch dann das Eignungs- und Leistungsprinzip anwenden sollen – nicht etwa müssen –, wenn dies zur Berücksichtigung von Frauen führen würde. Nur keine Undankbarkeit! Würde dieser unverbindlichen Aufforderung hin und wieder entsprochen, wäre auch das in einigen Bereichen durchaus ein Fortschritt.

So notwendig es auch ist: das bloße Ablassen von dem kruden und eindeutig rechtswidrigen Verhalten gegenüber Frauen ist noch lange nicht Frauenförderung, ist noch lange nicht Gleichstellungspolitik. Denn so werden den Frauen ja noch nicht die gleichen Chancen eingeräumt, wie die Männer sie haben. Es bliebe dabei, daß die Männer und ihre Lebensmuster, ihre Verhaltensweisen als Maßstab für alle gelten, auch für die Frauen.

Männer waren es, die Parteien und Gewerkschaften von Anbeginn geprägt haben. Männer haben diesen Organisationen eine Struktur gegeben, die auf die Lebensmuster, Fähigkeiten und Bedürfnisse von Männern zugeschnitten ist. Das geht von der Sprechweise und den Erwartungen an Auftreten und Fähigkeiten bis hin zur Organisation von Veranstaltungen. Das betrifft die zeitliche Beanspruchung ebenso wie die Durchsetzungsformen.

Frauen sind anders sozialisiert als Männer und haben ein anderes Lebensmuster als sie. In der Regel sind sie es, die die Arbeit in der Familie und die tägliche Fürsorge für die Kinder erbringen müssen und durchaus ihren Teil erbringen *wollen*. Jedoch: Sowohl herausgehobene Funktionen in Partei, in Politik und Gewerkschaft wie auch höhere Positionen im Erwerbsleben sind so entworfen, daß sie die Arbeitskraft nicht nur einer Person voll verbrauchen, sondern noch eine weitere halbe unbezahlte dazu, die für die notwendige innere und äußere Reproduktion sorgt und die Fürsorgeleistungen erbringt. Das gilt erst recht, wenn die Funktionen neben eine Berufstätigkeit treten. Und natürlich haben Frauen im Gegensatz zu Männern keine „Frau an ihrer Seite", bestenfalls sorgen sie für sich selbst, häufiger noch für andere, und können die anderthalb Arbeitskraft jedenfalls dann nicht bringen, wenn sie Familie haben. Haben sie keine, bringen sie heute schon das, wofür Männer noch eine Frau zu Hause haben – sie sind eben tüchtiger als Männer und müssen es auch sein.

Aber auch in der weniger qualifizierten Berufsarbeit, den weniger herausgehobenen politischen oder gewerkschaftlichen Funktionen sind die Arbeitsbedingungen in der Regel so gemacht, die Arbeitszeiten so festgelegt, daß sie bloße Berufsmenschen, Nur-Funktionäre verlangen und voraussetzen, Menschen, die andere Menschen für sich und ihre Kinder sorgen und das heißt: arbeiten lassen. Menschen also, die Frauen für sich arbeiten lassen und damit, auf mittelbare Weise, auch für die Arbeitgeber der Männer arbeiten lassen – unbezahlt, versteht sich. So werden durch die Strukturen der Erwerbsarbeit und der politischen und gewerkschaftlichen Arbeit bestimmte Sorten von Menschen hervorgebracht, Berufsmenschen und Nur-Funktionäre zum einen, aber auch die andere Sorte, die die Frauen stellen. Und die einen, die Männer, wollen das auch so.

Es gibt zwar schon viele Männer, die anders leben und anders arbeiten wollen, die nicht mehr akzeptieren wollen, was von ihnen in der Erwerbsarbeit wie selbstverständlich erwartet wird. Die Zahl dieser Männer, die die Verbündeten der Frauen sind, die Verbündeten der Frauen und einer lebenswerten Zukunft, wird immer größer – aber sie ist noch so klein, daß sie in repräsentativen Untersuchungen noch gar nicht erfaßbar ist. Die wissenschaftlichen Untersuchungen belegen vielmehr: die Vereinbarkeit von Familie und Beruf ist ein zentrales Anliegen der Frauen, aber sie ist keines für die Mehrheit der Männer. Das gleiche gilt für die Vereinbarkeit von Familie und Gewerkschaftsarbeit. Es interessiert Männer in der Regel nicht, ob Mütter die Familie und die Berufs- und Gewerkschaftsarbeit miteinander vereinbaren können – ja, es widerspricht ihren Vorstellungen, wenn Frauen es fertigbringen, sie finden es gar bedrohlich. Und da verwundert es natürlich nicht, wenn Männer in ihrer übergroßen Mehrheit nicht auf die Idee kommen, daß es auch für sie gelten soll, daß sie, sie selbst, die Männer, Beruf und Familie, Gewerkschaftsarbeit und Familie, und das heißt: Familienarbeit miteinander vereinbaren können sollen.

Die Schlußfolgerungen aus dieser Analyse gehen weit: Will eine Partei, will eine Gewerkschaft Personen gleichberechtigt berücksichtigen, die ein anderes Lebensmuster haben als die männlichen Funktionäre, Menschen nämlich, die Familienarbeit erbringen müssen und erbringen wollen, Menschen, die bestimmte Verhaltensmuster nicht eingeübt haben und viele davon auch nicht übernehmen wollen, will eine Organisation diese Personen gleichberechtigt integrieren, so muß sie eine andere Partei, eine andere Gewerkschaft werden.

Organisationsstrukturen aber werden von denen, für die sie gemacht sind und die in ihnen leben, durchaus als selbstverständlich und selbstverständlich unveränderlich begriffen. Ihre Änderung wird nicht nur als langwieriger Prozeß – das ist er sicherlich –, sondern als unmöglich erachtet.

Jedoch noch schlimmer. Die Männer ahnen bereits, daß das Bemühen um Gleichstellung der Frauen in der Gesellschaft ihr Leben nicht unberührt lassen kann. Denn in schöner Regelmäßigkeit bedeutet ein Funktionszuwachs für die Frauen ja nicht nur, daß den Männern weniger Ämter zu besetzen bleiben. Vielmehr werden ihnen – und das ist noch viel bedrohlicher – weibliche Ressourcen entzogen, über die sie bisher in beruhigender Selbstverständlichkeit verfügt haben. Frauen werden selbst in den Gremien und Ämtern sitzen, statt den Männern für ihren ersten und ihren zweiten Beruf zu Hause den Rücken freizuhalten. Sie werden gar erwarten, daß er sich derweil um Kinder und Küche kümmert. Überhaupt könnten Männer dann, von den Frauen in den Funktionen zur Hälfte entlastet, viel mehr zu Hause sein. Männer sind aber ganz im Gegenteil daran interessiert, die Unvereinbarkeit von beruflichem, politischem und gewerkschaftlichem zu familiärem Bereich aufrechtzuerhalten, weil gerade die Trennung ihre männliche Privilegien in Berufsleben, Gewerkschaft und Politik wie auch zu Hause absichert und gleichzeitig legitimiert. Die Mehrheit der Männer – das müssen wir in aller Schärfe sehen – wünscht sich die Unvereinbarkeit von Familie und Beruf, von Politik, Gewerkschaftsarbeit und Familie – um sich vor der Familienarbeit erfolgreich drücken zu können und auch um die Macht nicht noch mehr teilen zu müssen.

So finden wir heute vor:

Männer beschließen die Gleichstellung der Frauen in der Partei – aber sie wollen keine andere Partei. Männer beschließen die Gleichstellung der Frauen in ihren Organisationen – aber sie wollen weder von der Macht abgeben noch gar ihr Leben ändern. Die Gleichberechtigung der Frauen in der Gesellschaft wie in Partei und Gewerkschaft hat aber sowohl zur Voraussetzung wie zur Folge, daß Gesellschaft wie Männer und auch die Organisationen nicht dieselben bleiben, daß sie sich ändern, entscheidend ändern. Und das geschieht nicht von allein, schon deshalb nicht, weil zu viele kurzsichtige Interessen am Istzustand hängen. Es bedarf daher notwendig des steuernden Eingriffs. Wer auf schleichende Prozesse hofft, verniedlicht die Probleme. Wer auf Appelle setzt und auf Steuerung verzichtet, beschließt die Gleichstellung der Frauen in Gesellschaft und Organisation folgenlos, zum Schein, zur Täuschung von Frauen, bestenfalls zur eigenen Täuschung.

Dabei sollte nicht aus den Augen verloren werden: wer heute die Gleichstellung der Frauen in der Gesellschaft, in den Parteien und Gewerkschaften durch Appelle durchsetzen will, ist nicht etwa ernsthaft gegen Quoten, der will vielmehr Quoten, Quoten zugunsten von Männern. Natürlich nicht formelle, ausdrücklich vereinbarte Quoten, die den Männern eine bestimmte, ihren Anteil an der Mitgliedschaft oder Bevölkerung weit überschreitende Zahl der Funktionen und Ämter sichern sollen. Aber der will die Beibehaltung des Zustandes, den wir über Jahre und Jahrzehnte haben beobachten können: daß nämlich der Anteil der Männer an allen wichtigen Ämtern und Positionen eine bestimmte überhöhte Menge nie unterschritten hat.

Der Anteil der Männer im Parteivorstand der CDU

und bei den auf diese Partei entfallenden Bundestagsmandaten war niemals geringer als 90 %; die CSU erfreut sich gar eines Männeranteils von 93 %, die FDP von 87 %. Bei der SPD waren bis zum Quotenbeschluß auf dem Nürnberger Parteitag 1986 und der Bundestagswahl 1987 nie weniger als 82 % der Mitglieder im Parteivorstand und der Bundestagsfraktion Männer. Anders das Bild bei den Männern der Grünen, die nur 63 % ausmachen und inzwischen im Bundestag die Minderheit sind.

Von Anbeginn bis zum Quotenbeschluß der SPD 1986 hat insgesamt der Anteil der Männer im Bundestag 90 % nie unterschritten; dasselbe gilt für die Länderparlamente mit Ausnahme derjenigen, deren Männerquote durch einen überdurchschnittlichen Frauenanteil der Grünen gesenkt wurde (Hamburg, inzwischen auch in der SPD-Fraktion; Bremen; Hessen).

In den geschäftsführenden Vorständen der Gewerkschaften, auch in denen, die überwiegend weibliche Mitglieder haben, gab es mit einer Ausnahme immer höchstens eine Frau; erst nach einer brisanten Quotendiskussion hat eine weitere Gewerkschaft, die IG Metall, 1986 eine zweite Frau in den Vorstand gewählt.

Unsere Situation ist leider immer noch so, daß selbst Frauen, die berufsorientiert wie Männer leben und mindestens ebenso qualifiziert sind wie diese, dennoch nicht dieselben Chancen haben wie die Männer. Das gilt auch für den öffentlichen Dienst, das gilt für die Politik und für die Gewerkschaft. Und das muß anders werden. Aber noch viel mehr ist zu verlangen: Frauen, die nicht so sind wie die Männer heute, weil sie sich auch um die Familie kümmern, auch diesen Frauen müssen endlich die gleichen Chancen eingeräumt werden, die gleichen Chancen nicht als gleiche, sondern so, wie sie heute – jedenfalls noch – sind, also als andere. Gleichberechtigung heißt nicht, gleiche Rechte für alle, die Männer sind oder die wie Männer sind. Sondern gleiche Rechte für Männer und Frauen.

Die mangelhafte Repräsentanz der Frauen ist erstaunlich gleich geblieben über eine lange Zeit, in der sich aber doch so viel bei den Frauen verändert hat – von der Intensität der Belastung durch die Familie bis hin zur verbesserten Qualifikation der Frauen. Auch ihre Anteile an den Mitgliedern der benannten Organisationen ist seitdem gestiegen, zum Teil bis zu einem Drittel, ohne daß dies zu einer Steigerung ihrer Repräsentanz geführt hätte.

Aktive Gleichstellungspolitik verlangt: die Bedingungen, unter denen Erwerbsarbeit gemacht wird, müssen geändert werden, es bliebe sonst bei den auf Männer und ihre Lebensmuster hin zugeschnittenen Strukturen. Die Bedingungen können aber nur von innen verändert werden, von denen, die in solchen Strukturen arbeiten, und denjenigen, die die Bedingungen für sie vereinbaren. Es wäre ganz unrealistisch zu glauben, Arbeitsbedingungen könnten von außen geändert werden, durch Beschwörung von denen, die draußen bleiben müssen, weil sie in die Strukturen nicht hineinpassen. Nein, diejenigen, die die Bedingungen der Erwerbsarbeit ändern wollen, müssen erwerbstätig sein. Und sie müssen ihre Interessen da einbringen können, wo die Bedingungen der Erwerbsarbeit festgelegt, wo Arbeitsbedingungen verbindlich geregelt werden. Das sind der Gesetzgeber, die Bundesregierung und die politischen Parteien. Das sind auch die Tarifvertragsparteien, insbesondere die Gewerkschaften und Personal- und Betriebsräte. So ist es nur logisch, daß die Frauen in den Parteien wie auch in den Gewerkschaften immer energischer ihr Recht anmelden, vertreten zu sein in all den bestimmenden Gremien, Vorständen, Kommissionen, bei den hauptamtlich Beschäftigten – also überall da, wo sie heute eine verschwindende Minderheit sind.

Dieses konstante Erscheinungsbild läßt sich nur so erklären, daß in all diesen Institutionen der Anteil der

Männer von vornherein feststand, ganz unabhängig von anderen Daten wie Qualifikation und Leistung oder Mitgliederanteil der Männer. Von vornherein blieb den Frauen nur übrig, was die Männer nicht für sich beanspruchten. Diejenigen, die über die Auswahl zu entscheiden hatten, in allen Parteien, in den Gewerkschaften, müssen von festen Vorstellungen darüber ausgegangen sein, wie ihr Leitungsgremium, ihre Verwaltung, ihr Parlament aussehen muß, damit die Welt in Ordnung ist. So könnte man von einer Vorverständnisquote für Männer sprechen. Übrigens teilen Frauen durchaus dieses Vorverständnis über die Richtigkeit männlicher Dominanz oder haben es jedenfalls in der Vergangenheit geteilt.

Angesichts dieser Tatsache, daß Quoten, nämlich Männerquoten, bereits und seit langem gefestigt existieren, kann heute niemand gegen Quoten sein. Die Geister scheiden sich erst bei der Art der Quote: Männerquote in der althergebrachten Art und nichts verändert sich. Oder Quote zugunsten von Frauen, Mittel zu ihrer Gleichstellung, mit dem Ziel, alle Quoten im Zeitablauf abzuschaffen, erst die für Männer, dann auch die für Frauen. Diejenigen, die es bei Appellen belassen wollen, sichern, beabsichtigt oder unbeabsichtigt, Männerquoten ab, sind also auch für Quoten, nur für die falschen.

Natürlich ist das jetzt ein didaktischer Trick, den ich gemacht habe, indem ich nur auf die Erscheinungsform und nicht auf das Zustandekommen abgestellt habe. Denn so langlebig und verfestigt Männerquoten auch sind – in Partei und Gewerkschaft beruhen sie ja nicht auf verbindlichen Festlegungen. Übrigens – in der Bundesrepublik sind eine Reihe von Männerquoten im Bereich des Erwerbslebens bekannt geworden, die ausdrücklich festgelegt waren oder auf Vereinbarungen beruhten und die Berücksichtigung von Männern in einem bestimmten Anteil sichern sollten, den sie bei Anlegen der Maßstäbe Qualifikation und Leistung nicht erreicht hätten. Dies auch und gerade im Öffentlichen Dienst – eine Tatsache, die niemanden aufgeregt hat, auch nicht die Rechtswissenschaftler, die jetzt voller Sorge ihre Stimme gegen Frauenförderpläne erheben.

Eine Quotenregelung in Partei oder Gewerkschaft zugunsten von Frauen unterscheidet sich von der herrschenden Männerquote jedenfalls dadurch, daß sie offen ist und verbindlich festgelegt und auch verbindlich festgelegt sein muß, soll sie Wirkung entfalten. Also ist es doch erforderlich, sich mit den Einwänden gegen sie auseinanderzusetzen.

Die Einwände fasse ich in 6 Punkten zusammen:

1. „Das haben wir doch nicht nötig."
2. „Qualifikation und Leistung über alles."
3. „Frausein ist doch kein Programm."
4. „Die Organisation gerät aus den Fugen."
5. „Wo bleibt die Achtung vor dem Senior."
6. „Das schadet den Frauen."

Das Argument gegen Quotierung:

„Das haben wir doch nicht nötig",

ist natürlich ganz besonders beeindruckend, wenn es von Frauen selbst vorgetragen wird. Und zweifellos, alle Frauen, die das mit öffentlicher Wirksamkeit vortragen können, haben es natürlich nicht nötig – sonst könnten sie es ja nicht öffentlich wirksam vortragen. Denen aber, die es nötig haben, hört regelmäßig niemand zu – und deshalb haben sie es ja nötig. Übrigens nimmt die Zahl der prominenten Frauen, die sich gegen eine Quotenregelung aussprechen, kontinuierlich ab – in allen Parteien, auch in den Gewerkschaften.

Bedeutungsvoller aber scheint mir, daß die Gleichstellung der Frauen in der Gesellschaft wie in Partei und Gewerkschaften nur dann eine Chance hat, wenn es gelingt, deren auf Männer ausgerichtete Strukturen zu ändern. Von innen heraus zu ändern, denn das ist der einzige

Weg. Wie ich schon ausgeführt habe, bedeutet das eben nicht nur, daß Frauen dann die gleichen Chancen haben wie die Männer, wenn sie den Männern zum Verwechseln gleich sind – obwohl auch das heute bereits ein Fortschritt wäre. Gleiche Chancen für Frauen als Andere, als möglicherweise oder auch als real Andere, eben als Frauen, das ist es, was Gleichstellung verlangt, das ist es, was sich überhaupt lohnt anzustreben.

Sollen Frauen als andere, als Frauen eben, Ämter und Funktionen übernehmen, sollen sie die Chance erhalten, die Bedingungen für und in diesen Ämtern so zu verändern, daß Frauen in ihnen bleiben und wirken können, so kann das nur gelingen, wenn Frauen massenhaft und gesichert einrücken. Nur wenn Frauen nicht vereinzelt bleiben, sondern sich aufeinander beziehen können, nur wenn sie nicht unter dem Druck permanenter Konkurrenz von Männern stehen, die dem überkommenen Durchsetzungsmuster eher entsprechen, werden Frauen ihre eigenen Werte und Lebensmuster beibehalten können. Und wir werden sehen, ob und was sie dann in der Politik anders machen. Soll die Berücksichtigung von Frauen Bestandteil einer Politik der Gleichstellung sein, so muß sie massenhaft und gesichert, also über Quotierungen – und nur über Quotierungen – geschehen.

Das Argument:
„Qualifikation und Leistung über alles",
setzt voraus, daß eine Position in der Regel an diejenige Person vergeben wird, die für eben diese Position die besten Qualifikationen und Leistungen aufweist. Nach allen Erfahrungen spricht für Vorhandensein und striktes Einhalten einer solchen Regel nichts. Beachtet werden Qualifikation und Leistung allenfalls, wenn sie mit anderen Kriterien günstig zusammenfallen. Übrigens behaupten Männer selten, daß andere als sie selbst wegen ihrer Qualifikation gewählt worden seien.

Aber wie dem auch sei: Jedenfalls wird der Maßstab der Qualifikation und Leistung deshalb bedroht gesehen, weil über Quotierung Funktionen und Ämter mit Personen besetzt werden könnten, die zwar weiblich, aber weniger qualifiziert sind als Männer.

Bei einer solchen Befürchtung wird geflissentlich übersehen, daß Qualifikation nicht angeboren ist, sondern erworben wird und erworben werden kann. Einer solchen Befürchtung liegen Vorstellungen zugrunde, wie sie in männerdominierten Organisationen geprägt werden. Da werden Anforderungen so formuliert, daß Menschen, die Arbeit in der Familie, für die Kinder erbringen müssen und auch erbringen wollen, sie nicht erfüllen können. Da werden bestimmte Fähigkeiten und Verhaltensweisen verlangt, nur deshalb, weil Männer zuvor an diese Aufgabe so und nicht auf andere, durchaus auch denkbare Weisen herangegangen sind.

Es trifft nicht zu, daß Quotierung dazu führen wird, unterqualifizierte Personen zukünftig mit Ämtern und Funktionen auszustatten – sie mögen nur andere Qualifikationen haben.

In diesem Zusammenhang muß ich noch auf ein besonderes Problem hinweisen, das nur Frauen haben und aus dem nur die Quotierung heraushelfen kann. Auch diejenigen Frauen, die der Überzeugung sind, daß die Übermacht der Männer in der Partei und in der Gesellschaft abgebaut werden muß, und die wissen, daß dies nicht kampflos geht, haben ja sehr häufig mindestens ein männliches Exemplar um sich. Es ist ungeheuer schwer, jedenfalls für Frauen, mit denjenigen das Bett und gar den Tisch zu teilen, gegen die man auf anderer Ebene kämpft. Und deswegen neigen wir dazu, die uns zugehörigen Männer auszunehmen von unserer grundsätzlichen Kritik und unseren Forderungen. Das fällt um so leichter, als wir von der fabelhaften Qualifikation unserer Männer und ihrer Gleichberechtigungsfreundlichkeit schon aus Achtung vor unserem eigenen Geschmack voll überzeugt sind und darüber hinaus mehrfach im Jahr ihre Zerknirschung erleben, wenn sie mal wieder den Chauvi gezeigt haben.

Gerade bei ihren eigenen Männern, so meinen deshalb viele Frauen, sind die Interessen der Frauen in den besten Händen. Ihnen darf deshalb eine Frau nicht vorgezogen werden. Allen anderen Männern schon, denn die Übermacht der Männer muß ja abgebaut werden; gegenüber dem eigenen Mann aber muß der Grundsatz zurückstehen.

Das ist eine überaus verständliche Regung. Zweifellos ist es privat und auch öffentlich eine verzwickte Situation, bei einer Organisationswahl statt des eigenen Mannes dessen Konkurrentin zu wählen, eben weil sie eine Frau ist. Quoten sind deshalb schon zum Schutz des häuslichen Friedens unbedingt erforderlich. Denn nur durch eine Quotierung, wenn also bestimmte Listenplätze für Frauen vorgesehen werden, konkurrieren die Genossinnen, die wir unterstützen wollen und müssen, um die Gleichstellung der Frauen in der Partei zu erreichen, nicht gegen die Männer, denen wir uns zugehörig fühlen.

Das Argument:
„Frausein ist doch kein Programm."

Den Frauen, die die Gleichstellung der Frauen in Partei und Gewerkschaft fordern, wird oft kritisch die Frage gestellt, was denn anders, was denn besser sein würde in der Organisation und ihrer Politik, wenn es mehr von ihnen in Ämtern und Funktionen gäbe. Schließlich komme es auf die Inhalte an – darüber wenigstens herrsche doch wohl Konsens.

Diese kritische Frage hat mehrere Facetten. Sie kann dahin verstanden werden – und so ist sie wohl auch gemeint –, daß der Anspruch der Frauen auf Gleichstellung der Rechtfertigung bedürfe, erklärt und begründet werden müsse – eine erstaunliche Anmutung, deren massenhafte Verbreitung deutlich macht, daß gleiche Rechte und gleiche Chancen für Frauen immer noch nicht selbst-verständlich und Standard im Bewußtsein der meisten sind. Aber mehr noch: aus dieser kritischen Anfrage an die Frauen spricht auch ein Ausmaß an Selbstbewußtsein und Selbstzufriedenheit, das verblüfft. Denn betrachten wir den Zustand unserer Welt, im großen wie im kleinen, vom Frieden bis zum Zustand der jeweiligen Organisation, so gehört doch schon eine Menge Selbstbewußtsein und Selbstzufriedenheit, um nicht zu sagen Unverfrorenheit dazu, zu meinen, diejenigen, die das angerichtet haben, sollen auch fürderhin ungestört von den Frauen untereinander bleiben. Und erst recht gilt das für alles, was Fraueninteressen ausmacht. Parteien wie Gewerkschaften haben Fraueninteressen gegenüber Männerinteressen vernachlässigt und der Benachteiligung der Frauen lange, allzu lange tatenlos zugesehen oder sie sogar selbst massiv betrieben. Wie die Männerquoten auch dies mit langer Tradition.

Unter Wahrung des Standpunkts, daß gar nicht danach gefragt werden darf, können die Frauen aber versichern, daß vieles besser werden wird, wenn sie endlich mehr beteiligt werden, zumindest für sie selbst, und das heißt immerhin für die Mehrheit des Volkes. Im übrigen war jedenfalls in der Bundesrepublik Deutschland der Anspruch der Frauen immer auch mit Inhalten verbunden, in der Sozialdemokratischen Partei z. B. insbesondere mit einem starken Einsatz für Frieden und Abrüstung und den Ausgleich mit der Dritten Welt. So erscheint es mir sehr männlich, zu meinen, Frauen seien zu eigenen vernünftigen Politikformulierungen gar nicht in der Lage oder diese unterschieden sich nicht von denen der Männer, wenn sie denn vernünftig seien. Und danach sind Vernunft und Politik doch allemal geschlechtsneutral – und das heißt: männlich.

Das Argument:

„Die Organisation gerät aus den Fugen“,

denn es gibt auch ohne Quotierung genügend Probleme bei der Berücksichtigung von Personen für Funktionen und Ämter – wegen vielfältigen Proporzes nämlich: rechts/links, auch mal ein Arbeiter, Regionen, Spezialqualifikationen usw. Und soll das alles noch komplizierter, womöglich gar unlösbar werden, weil zu allem anderen auch noch Frauen zu berücksichtigen sind?

Dieses Problem erscheint aber nur deshalb so unlösbar, weil alle Seiten gleichermaßen vermuten, daß Frauenquoten klammheimlich dazu benutzt werden können und womöglich auch benutzt werden sollen, um eben diese Proporze zu verschieben, also um in gespielter oder gar echter Blauäugigkeit auf der „Frauenkarte“ zum Beispiel je nachdem mehr Linke oder mehr Rechte in Ämter und Mandate hineinzubekommen.

Zweifellos würde es einer Gleichstellungspolitik ungeheuer schaden, wenn sie derart mißbraucht würde. Die Befürchtungen sind jedoch gerade dann völlig grundlos, wenn Quotierungen beschlossen werden. Denn Mehrheiten können nicht gekippt werden, wenn sich um Plätze, die Frauen zustehen, Frauen unterschiedlicher Richtungen bemühen. Genau wie bei der Wahl eines Mannes werden sich die jeweiligen Mehrheiten durchsetzen.

Mir scheint, der Diskussion um dieses Argument liegt die Vorstellung zugrunde, daß nur die jeweils andere Seite über eine ausreichende Zahl von Frauen verfügt, eine absurde Vorstellung, nur erklärlich, weil die Frauen auf der eigenen Seite nicht wahr- und nicht für voll genommen werden.

Zu demselben Umkreis gehört auch das Argument:

„Wo bleibt die Achtung vor dem Senior.“

Denn der Zwang, Quoten erfüllen zu müssen, bedeutet ja Gefahr für all jene, die zur Zeit die zusätzliche Männerquote erfüllen, indem sie Ämter und Funktionen innehaben; Gefahr aber auch für diejenigen Männer, die sich auf die Übernahme von Ämtern und Funktionen in der Zukunft vorbereitet und eingestellt haben. Insofern bezeichnet „Senior" nicht das Lebens-, sondern das Organisationsalter, gilt also bereits für Jusos und sonstige Jugendvertreter.

Die ebenso knackigen wie verdienstvollen Fünfziger und Sechziger nicht in die Wüste schicken – damit wird appelliert an Werte wie Achtung und Treue. Gut so! Wir haben auch alle Veranlassung, darüber nachzudenken, wie wir eigentlich mit denen umgehen, die aus Ämtern und Funktionen ausscheiden, freiwillig oder unfreiwillig – wobei letzteres übrigens in der Vergangenheit zugunsten von Männern geschah, das Wehgeschrei wohl deshalb ausblieb.

Verlogen wird die Haltung, die sich auf Achtung und Treue beruft, aber dann, wenn sie Zustände legitimiert und unverändert fortsetzt, in denen einer ganzen Personengruppe – den Frauen – durch Nichtberücksichtigung die Achtung dauerhaft verwehrt wird. Keinen Mann in die Wüste schicken – gut! Aber deshalb die Frauen dauerhaft in der Wüste lassen?

Es muß wohl interessengeleitete Wahrnehmung sein, die Männer übersehen läßt, daß die aktuellen Quotierungsforderungen in dem Anteil zurückhaltend sind und dieses Problem durchaus berücksichtigen. Bereits durch Abbau von Ämterhäufung könnten ausreichend Mandate und Funktionen für Frauen freigemacht werden. Abbau von Ämterhäufung – eine Forderung übrigens, die auch außerhalb der Frauenproblematik hervorragende Wirkung auf unsere politische Kultur hätte, aber offensichtlich Ängste auslöst bei denen, die von der Macht hergeben sollen.

Das letzte Argument schließlich:

„Das schadet den Frauen",

wird neben scheinheiligen Befürchtungen durchaus auch von denjenigen vertreten, die sich um die Gleichberechtigung der Frauen bemühen. Diese Bedenken nehme ich sehr ernst.

Jede rechtliche Sonderbehandlung von Gruppen und Individuen wirft erhebliche Probleme auf, die sorgfältig mit der angestrebten Wirkung abzuwägen sind. Darüber hinaus würde eine Quotierung in der Organisation ja von der männlichen Mehrheit patriarchalisch „gewährt". Erneut zeigen Frauen sich als des Schutzes bedürftig. Neue Diskriminierungen werden geschaffen, indem alle Frauen zu „Quotenfrauen" erklärt werden und dann allen Frauen grundsätzlich die Leistungsfähigkeit abgesprochen wird. Schließlich – Frauen würden, unzureichend vorbereitet und qualifiziert, solchem Druck ausgesetzt, daß sie zerrieben werden und scheitern müssen. Damit würden nicht nur sie verheizt; auch Vorurteile würden damit bestätigt.

All diese Gefahren sind schlechtweg nicht zu bestreiten. Aber: Frauen fordern die Quotierung doch nicht, weil sie sich nichts Schöneres und Gemütlicheres vorstellen können. Die Bedenken, die Frauen früher dazu gebracht haben, zu meinen: „Laßt die Pfoten von den Quoten!", bestehen doch auch für sie noch immer. Aber sie haben seither lernen müssen und gelernt, daß es keinen anderen, keinen gefahrloseren Weg gibt zur Gleichstellung der Frauen in der Gesellschaft, in Parteien und Politik. Der Forderung nach Quotierung liegt doch nicht ein Bedürfnis nach bequemer Gewaltsamkeit zugrunde oder die irrige Meinung, ein notwendiger gesellschaftlicher Prozeß sei durch Rechtstechnik, durch Gebote und Verbote zu ersetzen. Sondern wir haben erleben müssen, daß Aufklärung und Argumentieren über die Notwendigkeit einer Gleichstellung der Frauen, und schließlich, daß Appelle gescheitert sind an inneren Gegenläufigkeiten, an Strukturen und schlicht auch an platten persönlichen Machtinteressen. Der Versuch, zuerst mal das Bewußtsein zu ändern bei denjenigen, deren Sein ihrer Vorstellungskraft Grenzen setzt oder die in dieser Änderung für sich nur Nachteile entdecken können, war vergebens und mußte es wohl sein.

Die unbestreitbare Tatsache, daß eine Quotierung den Frauen schaden kann, führt so nur zu der Frage, ob der Verzicht auf Quotierung und damit der Verzicht auf die Gleichstellung der Frauen in Gesellschaft und Politik etwa weniger schadet. Er schadet den Frauen mit Gewißheit mehr. Das Nichtvorhandensein von Frauen, das Fehlen ihres prägenden Einflusses da, wo Politik gemacht, wo Politik umgesetzt wird, wo Interessen formuliert und vertreten werden, die immer wieder belegbare Nichtbeachtung der Interessen der Frauen, die Lastenverteilung zuungunsten von Frauen, das Bild und die Rollen, die auch die SPD und die Gewerkschaften heute noch von Frauen haben, das ist es, was Frauen schadet – nicht möglicherweise schadet wie die Quotierung, sondern mit Gewißheit schadet.

Und so bleibt nichts anderes, als in allen Organisationen, die nicht konservative Ziele haben, die Quotierung zugunsten von Frauen zu beschließen und alle Anstrengungen darauf zu richten, die mit ihr verbundenen Gefahren zu vermeiden.

Aus den gleichen Gründen müssen wir die Arbeitgeber durch verbindliche Frauenförderpläne dazu bringen, Menschen in allen Bereichen einzustellen und zu befördern, die ihnen zwar ausgezeichnete Qualifikationen und Leistungen, aber nicht unbegrenzte Verfügbarkeit bieten, Menschen, die nicht nur an ihren Beruf denken. Und die auch einmal schwanger werden. Nicht dauernd und ewiglange schwanger und nicht immer zur Unzeit, wie alle Personalchefs glauben, aber zweifellos: sie werden auch mal schwanger. Die Beschäftigung von Frauen in allen Bereichen und auf allen Hierarchiestufen muß derart selbstverständlich sein, daß sich die Organisation voll darauf einstellen kann und muß. Schwangerschaft und Mutterschaft würden dann nicht mehr als Störfall erscheinen, ein Störfall, der unbezahlt auf den Schultern der Kolleginnen bewältigt wird. Denn bei der geschlechtsspezifischen Zuordnung von Arbeitsplätzen sind es ja in der Regel Frauen, die selbst oft doppelt- und dreifach belastet sind und denen dann zugemutet wird, die Arbeit der ausgefallenen Kollegin mitzuerledigen. Da werden Frauen in ihrer Solidarität überstrapaziert, aber nicht etwa, wie uns dann auch Kollegen durchaus mit Häme versichern, weil sie weniger Solidarität haben als Männer, sondern weil sie Opfer eines Personalkonzeptes sind, das bewußt Ersatz und Entlastungen nicht vorsieht oder einspart und so die Frauen übermäßig beansprucht. Bestandteil einer aktiven Gleichstellungspolitik muß daher auch sein, durch vernünftige Personalkonzepte den Arbeitenden die Solidarität mit Beschäftigten in besonderen Lebenslagen zu ermöglichen.

Frauenförderpläne müssen ein weiteres leisten: Den Arbeitgebern darf nicht mehr gestattet werden, die Männer dazu zu zwingen, ihre Frauen auszubeuten, wenn sie es mal nicht von ganz allein tun. Eine halbe Arbeitskraft zu Hause unbezahlt zur Verfügung zu haben, darf nicht mehr karrierefördernd sein oder gar die Voraussetzung, einen Arbeitsplatz überhaupt ausfüllen zu können. Alle Beschäftigten, Männer wie Frauen, müssen in der Erwerbsarbeit so behandelt werden, als seien sie für eine Familie verantwortlich. Das ist die Chance, nach meiner Einschätzung die einzige Chance, daß Männer diese tägliche Verantwortung auch übernehmen werden, jedenfalls unsere einzige Chance, daß wir sie erfolgreich zu ihrem Glück zwingen können. Und es wäre ein Glück auch für die Männer – eine Chance für sie, auch Zeit und

Kraft für das Leben zu haben, nicht nur für das Geldverdienen und die Macht, Zeit zum Nachdenken, Zeit und Gelegenheiten, sich und andere zu erfahren, anders zu erfahren als in den konkurrenzfixierten Erwerbsarbeitsbedingungen. Sie sehen es nur noch nicht so. Und deshalb können Frauen mehr auf Regelungen als auf die täglich praktische Einsicht der Männer vertrauen.

Ohne eine bewußte und verbindliche Politik der Frauenförderung werden Arbeitgeber Frauen nicht akzeptieren, werden sie die Bedingungen, unter denen gearbeitet wird, nicht ändern. Arbeitgeber halten nichts von Arbeitszeitverkürzung. Arbeitgeber haben in der Regel kein eigenes Interesse, Frauen in die Erwerbsarbeit zu integrieren. Diese Aussage gilt mit Ausnahme weniger und dann unten angesiedelter Arbeitsplätze. Arbeitgeber bevorzugen Männer als Beschäftigte übrigens nicht deshalb, weil sie einen Charakterfehler haben oder Frauen grundsätzlich nicht mögen. Aber Männer werden nicht schwanger, und die Zuteilung von dauerhafter Erwerbslosigkeit an die Frauen erscheint sozial ungefährlicher. Hinzu kommen ausgeprägte Vorurteile über das Arbeitsvermögen der Frauen. Bleibt aber das Kosten-Nutzen-Verhältnis unverändert, werden Arbeitgeber Männer bevorzugen, wenn sie können – und sie können es, wenn Männer auf dem Arbeitsmarkt ausreichend zu haben sind.

In Frauenförderplänen geht es im übrigen nicht nur um die Einstellung und Beförderung von bestimmten Frauen, wie es manchmal von interessierter Seite dargestellt wird, daß sich hier nämlich Karrierefrauen ein sicheres Leiterchen zimmern wollen. Es geht um die Arbeitsbedingungen aller Frauen, um die Arbeitsinhalte auf allen Arbeitsplätzen, auch auf denen, die nach traditioneller Bewertung unten angesiedelt und sowieso nur mit Frauen besetzt sind – uns geht es auch um die Arbeitsbedingungen der Putzfrauen.

Das leitet gleich über zu der Frage: wer soll das alles machen, wer die Frauenförderpläne entwickeln, wer stellt die Kontrollinstanz? Es sollte uns Frauen sehr zu denken geben, daß die meisten Frauenförderpläne, die es in der Bundesrepublik gibt, ohne gewerkschaftliche Mitarbeit, ohne kollektive Vereinbarung zustangekommen sind. Leider ist das nicht in allen Fällen damit zu erklären, daß ein weitsichtiger Arbeitgeber, der seine Personalnöte in der Zukunft der geburtenschwachen Jahrgänge heute schon wahrnimmt, ein seinen Interessen dienendes Personalkonzept in public-relations-mäßig günstiger Weise als Frauenförderung entwirft. Vielmehr gibt es leider Fälle, in denen den weitergehenden Plänen engagierter Frauen Widerstand weniger seitens des Arbeitgebers als seitens der Personalvertretung und auch der Gewerkschaft entgegengesetzt wurde. Es fehlt bei noch zu vielen Kollegen und auch Kolleginnen – „die es doch auch ohne spezielle Förderung geschafft haben!" – an Einsicht in die Berechtigung und Notwendigkeit von Frauenförderung; manchmal auch sind sie mit juristischen Argumenten verunsichert worden.

Aber auch von Seiten, die sich als fortschrittlich begreifen, werden diejenigen, die Frauenförderpläne verlangen, kritisch gefragt: schafft das Arbeitsplätze? Hält das die Privatisierung auf? Hinter diesen Fragen steht die Auffassung, daß es viele gewichtigere politische und gewerkschaftliche Forderungen gibt, die dringend durchgesetzt werden müssen, zum Nutzen aller und damit auch zum Nutzen der Frauen, daß es zu schade um die Kraft ist, die verbraucht wird, nur um einen Mangel zu verwalten.

Diese Wertung ist zugleich richtig und falsch, sie spricht jedenfalls nicht gegen Frauenförderpläne. Denn: der Kampf gegen die Diskriminierung der Frauen ersetzt Politik nicht, kann nicht alleiniger Inhalt etwa von Gewerkschaftsarbeit sein. Aber: allgemeine Politiken befördern nicht notwendig die Gleichstellung der Frauen, können eine solche Politik nicht ersetzen.

Andererseits: keine Politik ist vollständig ohne dieses Ziel, keine erreicht es nebenbei von allein. Wollen unsere fortschrittlichen Männer auch mal die Frauen an den Erfolgen ihrer Politik teilhaben lassen – an den Mißerfolgen durften Frauen immer überdurchschnittlich mittragen –, dann brauchen sie und wir Frauenförderpläne.

Darüber hinaus: es ist schlechthin nicht vorstellbar, daß eine Gesellschaft ansonsten unverändert bleibt, in der Frauen gleichberechtigt leben können. Der Abbau der Herrschaft zwischen den Geschlechtern, die Beseitigung wenigstens der geschlechtsspezifischen Hierarchien im öffentlichen Leben, wird Auswirkungen haben, kann nicht vereinzelt, auf einen Bereich der Gesellschaft begrenzt bleiben. Herrschaftsfreie Erfahrungen im Verhältnis der Geschlechter zueinander geben die Chance zum Abbau von Herrschaft allgemein. Weniger Konkurrenzverhalten im Erwerbsleben, mehr Möglichkeiten für Solidarität werden die Menschen verändern und damit auch die Inhalte von Politik. Der Marsch in die Zwei-Drittel-Gesellschaft wäre gestoppt. Der Anspruch auf Freiheit und Gleichheit der bürgerlichen Revolution, der ergänzende der Arbeiterbewegung auf reale Gleichheit und auf Solidarität würden endlich befreit von ihrem immanenten Sündenfall – bei ihren Forderungen je die eine Hälfte der Menschheit ausgespart zu haben, die Frauen. Und vielleicht würden sie dadurch nicht nur glaubwürdiger, akzeptabler auch für Frauen, sondern auch stärker. Und so könnte eine Gesellschaft, in der Frauen gleichberechtigt leben, sozialer sein, gerechter und friedlicher.

Helke Sander

VERSTEHT LIESCHEN MÜLLER DEN KLEINEN MANN AUF DER STRASSE?

Überlegungen zur Idealfrau

Im Filmgeschäft haben die beiden eine gewisse Autorität. Redakteure, Verleiher, Kinobesitzer, auch Politiker zitieren sie häufig. Über sie wird gesprochen wie über gute Bekannte. Was von Lieschen Müller und dem Mann auf der Straße nicht verstanden wird, hat schlechte Karten. Das gleiche gilt auch, wenn dies nur vermutet wird. Außerdem scheint die Interessenidentität zwischen Frau Müller und dem kleinen Mann auf der Straße eine selbstverständliche Sache. Auf vielen kulturellen Ereignissen sollen sie dabei sein. Meistens sprechen sie dann aber nicht mit ihresgleichen, sondern fast ausschließlich mit den schon erwähnten Redakteuren, Verleihern, Politikern. Bei anderen Ereignissen sollen sie ganz und gar fehlen, und ihr Fehlen wird kaum je erwähnt – zum Beispiel auf Gen-Kongressen, in Haushaltsausschüssen oder bei Debatten des inneren Zirkels der Atomindustrie. Es scheint, als seien sie mehr kulturell interessiert.

Nachdem sie beide also mir über die Jahre als derartig vorbildhaft dargestellt worden sind, wollte ich sie endlich einmal selber kennenlernen und nicht durch die Vermittlung der schon erwähnten Herrschaften. Wer sind sie? Wer ist Lieschen Müller? Wer ist ein Mann, und was ist eine Straße?

Ich habe mich auf die Suche gemacht, denn ich hatte gewisse berufliche Fragen an sie, unter anderem die, ob es ihnen denn recht sei, oft in einem Atemzug genannt zu werden. Auch haben mich ihre persönlichen Verhältnisse interessiert. Ist Lieschen Müller verheiratet? Heißt ihr Mann auch Müller, und wenn ja, warum wird er nicht mit Namen genannt? Heißt ihr Mann vielleicht Heiner Müller? Das würde mich weiterbringen, wir hätten dann schon eine Adresse. Eigentlich sogar zwei, eine im Osten und eine im Westen. Aber Heiner Müller wies diese Annahme kategorisch zurück. Die Frage schon empfand er als Zumutung.

Das war etwas irritierend, denn wie schon erwähnt, ist Lieschen Müller fast ein Ideal zu nennen, wenn nicht gar eine Idealfrau, deren Wünsche es von den Augen abzulesen gilt. Sehr schnell verliert die Arbeit im Kulturbetrieb, wer ihr nicht gerecht wird. Lieschen Müller ist also eine Frau mit Einfluß, nicht: unter Einfluß. Ein seltenes Exemplar von Frau. Zoten werden über sie nur hinter vorgehaltener Hand erzählt, von den gleichen Leuten übrigens, die sie im Mund führen, und reichlich. Andererseits scheint es seltsam unangebracht, sich vehement und ohne sie überhaupt zu kennen, von ihr zu distanzieren. Da könnte u. U. Konkurrenz im Spiel sein.

Jedenfalls kenne ich verschiedene Müllers. Elisabeth Müller, Lisbeth Müller, Lina Wertmüller, Dörte Möller, Heike Müller-Benard. Ich traf auf berühmte Müllers, die Wert auf ihre Unverwechselbarkeit legten und ein Lieschen in ihrer Verwandtschaft nicht ausfindig machen konnten, wie etwa auf Müller-Remscheid, Müller-Wipperfürth, Müller-Elmau, Müller-Stahl, Müller-Marein. So kam ich auf den Gedanken, daß Lieschen Müller einfach nur die „ideelle Gesamtfrau“ sein könne, ein ähnliches Konstrukt, wie es in der marxistischen Theorie der „ideelle Gesamtarbeiter“ ist. Oder, moderner, so wirklich, wie die „Gesamtfilmerin“ Helga Sanders aus Helma Sanders und Helke Sander gebildet worden ist. Das passiert nicht bei Helmut Schmidt und Freimut Schmitz. Da kriegt nicht einer die Rechnungen des anderen oder auch die Blumen.

Zweifel tauchten jedenfalls auf, ob denn die Herrschaften, wenn sie L. M. zitierten, eigentlich immer von der gleichen Frau sprachen. Denn die schon erwähnten Müllers gaben gleichwohl nähere Hinweise über den Ursprungsort von L. M. und den Grund für ihre Berühmtheit. Dem lag ein sehr demokratischer Gedanke zugrunde. L. M. kommt in jedem Fall vom Land. Ihre Vorfahren waren Handwerker. Ihre Arbeit wurde gebraucht. Ein Sachverhalt mußte auch vom Müller und seiner Frau verstanden werden können, nur dann taugte er etwas. Es war allerdings keine Rede davon, daß er ihnen zufliegen müsse. Eine gewisse Anstrengung konnte zugemutet werden. Die Müllers wurden für lernfähig gehalten. Ihre naturhafte Intelligenz war aber nicht ausgebildet. Schon aus diesem Grund ist der Hinweis, Lieschen Müller sei der Mädchenname von Erika Mustermann, abwegig. Denn niemand würde auf die Idee kommen, selbst heute nicht, sich auf Erika Mustermann als Autorität zu berufen. Ihr wird keine wie auch immer geartete Kompetenz zugestanden. Sie ist kein Landei, sondern höchstens ein Windei.

Die Müllerschen aber schrumpften überraschend in der Anerkennung. Vielleicht, weil sie sich sogar als überaus lernfähig auf dem Land erwiesen hatten und auf diese Weise, sich selber anstrengend, für die anderen zur Anstrengung wurden. Um sich also von ihnen und ihren Ansichten abzusetzen, wurde nur noch von ihr, L. M., geredet. Lieschen, ein Kosewort einmal, kriegte nun Haare auf die Zähne und ein fleißiges Lieschen auf den Balkon. Sie wurde in die Stadt versetzt, bekam praktische Wäsche, mehrere Kinder. Sie konnte hart arbeiten und gediegen kochen, wenn auch nichts Besonderes. Sie war, kurz gesagt, die Frau, die die meisten zu Hause hatten oder von der sie sich vorstellten, daß die, die sie zu

Hause hatten, so war. Und damit sie weiterhin so hart arbeitete, mußte sie bei Laune gehalten werden. Obwohl sie keine mehr hatte, mußte ihre scheinbare Autorität augenzwinkernd anerkannt werden. So wandelte sich unversehens der demokratische Gedanke, Frau Müller mitentscheiden zu lassen und auf ihren Sachverstand zu hören, in den Zwang zur Unterhaltung einer etwas dussligen Person. Ihre Dussligkeit ist nun zur Autorität und zum Trendsetter geworden.

Das Traurige ist: Frau Müller ließ sich wegen Überarbeitung bluffen, bzw. sie kriegte dies gar nicht richtig mit. Sie kriegte nicht mit, welche Entscheidungen in ihrem Namen, mit ihrer Zustimmung, wie gesagt wurde, gefällt wurden. Manchmal entfährt allerdings den Herrschaften, die sie immerzu im Munde führen, auch unversehens ihre wirkliche Meinung zu dieser bedauernswerten Frau. In Wirklichkeit halten sie sie für naiv und dumm und für unfähig, komplizierte Gedankengänge oder auch Machenschaften zu erfassen.

Diese Leute sagen dann beispielsweise, „ein Machwerk" dieser Regisseurin oder jenes Regisseurs sei so, „wie sich Lieschen Müller oder Klein-Hänschen die Welt vorstellen". Bei dieser Formulierung ist zu beachten, daß in ihr DER KLEINE MANN von der Straße nicht auftaucht, sondern KLEIN-HÄNSCHEN. Frau M. wird also auf eine Ebene mit einer unmündigen Person gestellt, während der Mann auf der Straße von dieser Diskriminierung befreit bleibt. In diesem Fall sprechen sie ihr also gerade das ab, worauf sie in anderen Fällen positiv verweisen, nämlich Realitätstüchtigkeit und Lebenserfahrung. Persönlich, so stellt sich dabei heraus, möchten sie mit dieser Person nicht verkehren. Sie möchten sich höchstens bei einem Wohltätigkeitsball mit ihr fotografieren lassen, weil sie als Referenz unverzichtbare gute Dienste leistet – ohne es zu wissen, wie sie meinen.

Fragen wir nach ihm. Vielleicht kommen wir so auch

ihr auf die Spur. Wer ist der kleine Mann? Kleine Männer sind, wie wir wissen, oft Große Männer. Denken wir nur an Goethe, Einstein, Napoleon. Der kleine Mann ist seriös, erwachsen, er arbeitet, meist hart. Er ist wandelbar. Er kann viele Berufe annehmen. Spricht man ihn auf der Straße als kleinen Mann an, so könnte er vielleicht sogar jovial lachen und seinen wahren Namen nennen. Denn er kann jeden Namen annehmen. Er kann sein Gesicht zeigen, ohne sich diskriminiert zu fühlen. Herr Jedermann kann sich zu erkennen geben und ist plötzlich eine unverwechselbare Person, zum Beispiel Herr Matuscheit. Hingegen ist es schlecht denkbar, dasselbe von Lieschen Müller anzunehmen. Es wäre eine Beleidigung, die Dame für ein Interview so anzusprechen.

Wer ist der Mann auf der Straße? Ich traf auf Fritz Straßmann, geboren 1902, Chemiker und Mitentdecker der Kernspaltung. Eine zulässige Frage, so wissenschaftlich wie sonst eine, wäre die, gestellt von der einzigen Abteilungsleiterin einer Sendeanstalt: Kommt der Mann auf der Straße quasi naturhaft auf Kernspaltung, wenn er forscht? Oder auf Spaltung überhaupt? Wie Herr Straßmann?

Auf jeden Fall geht der Mann von der Straße auch zur Frau von der Straße, wenn er auch mit genauen Zahlen da sehr zurückhaltend ist. Es ist jedoch lediglich eine Sache der Logik und des Rechnens, um diesen Satz zu beweisen. Die Frau von der Straße ist aber keineswegs Lieschen Müller. Auf die Frau von der Straße berufen sich auch die sich auf Lieschen Müller berufenden Herrschaften ausdrücklich nicht, so wie schon manchmal der Mann von der Straße flapsig mit Otto Normalverbraucher in eins gesetzt werden kann. Die Frau von der Straße wird bei Meinungsumfragen ausdrücklich ausgelassen, obwohl sie doch auf der Straße die beste Gelegenheit zum Beobachten hat und mit allen möglichen Volksschichten in engste Berührung kommt.

Filmer also, die die anfangs erwähnte, unterstellte Interessenidentität zwischen L. M. und dem Mann v. d. Str. wörtlich nehmen und nun, weil sie nicht mehr auf den Namen von Lieschen Müller kommen – sie könnte auch Meier heißen –, einfach sagen: „Wie schon der Mann von der Straße und die Frau von der Straße oder die Straßenfrau richtig erwähnten..." schliddern geradezu in eine Katastrophe. Eine Karriere-Katastrophe. Jede wird mir unmittelbar zustimmen. Es kommt eben nicht auf das gleiche heraus.

Daraus können wir folgern, daß sich Lieschen Müller und die Frau von der Straße in einem gestörten Verhältnis zueinander befinden. Normalerweise begegnen sie sich auch nur indirekt, nur über den Mann, der wiederum so tut, als kämen sie von verschiedenen Sternen. Ob auch *eine* Frau daraus wird, wenn wir die beiden zusammenschmeißen – also die Herzlichkeit und Mütterlichkeit von L. M. und die Beobachtungsgabe und Intelligenz der Frau auf der Straße –, das ist zum Beispiel etwas, bei dem allein schon der Versuch nicht gern gesehen wird. Die Herrschaften haben eine Theorie entwikkelt, die Dinge getrennt zu halten. Hier kommen wir also wieder auf „Spaltung". Von ihnen stammt ja auch der Satz, daß sie gerne so leben möchten, daß die Linke nicht wisse, was die Rechte tue.

Aus dem bisher Gesagten wäre nun eine neue Frage zu formulieren; eine Frage übrigens, auf die mich sofort zehn Frauen, aber kein Mann hingewiesen hatten, als sie den Titel meiner Arbeit hörten. Nicht also: Versteht L. M. den M. v. d. Str.? Sondern: Versteht der M. v. d. Str. L. M.?

Mann und Straße gehören in der Vorstellung aller zusammen. Das geht bis ins Liedgut – oder sollten wir sagen: „Volksliedgut" – so.

„Wozu sind die Straßen da, zum Marschieren... in die weite Welt!

Wozu sind die Mädchen da, zum Poussieren... wie es Euch gefällt."

Ich höre einen Zwischenrufer. Der sagt: Natürlich dürfen bei uns auch die Frauen auf die Straße. Das ist doch kein Thema!

– Wann? Bei Tag oder bei Nacht? höre ich eine Ruferin.

– Auf Haupt- oder Nebenstraßen? eine andere.

– Aber ich tu ihr doch nichts! ruft wieder ein Mann.

– Woher soll ich das denn wissen? eine Frau.

Es gab ein Verbrechen, auch „Volkssitte" genannt, nämlich dies: Frauen millionenfach die Füße zu brechen und sie einzubinden. Gebundene Füße waren meist auch gebrochen; sie eiterten, stanken und troffen. Auf ihnen war kaum zu laufen. Die Straßen waren leer von Frauen. Zwar gab es immer wieder Männer, die sich gegen Sklaverei in anderen Ländern wandten, aber eingebundene Füße gehörten zur Volkssitte. Auch Klitorisbeschneidungen gehören zum kulturellen Erbe verschiedener Länder. Europäer, die andere Länder respektieren wollen, haben sich da nicht einzumischen. Die Regierung hier kann nicht etwa den Außenminister auffordern, darauf einzuwirken, daß Klitorisbeschneidungen zu unterbleiben haben, daß sie als Folter zu betrachten sind und daß Maßnahmen wie Wirtschaftsboykotte ins Auge zu fassen sind, so wie dies ja auch bei Südafrika ins Auge gefaßt wird. Die Regierung kann nicht? Sie ist natürlich auch nie dazu aufgefordert worden, weder nachdrücklich noch schüchtern.

Auch in der iranischen Kopftuchfrage wurde das kulturelle Erbe hervorgezerrt; auch von europäischen Feministinnen; auch dann noch, als Tausende von Iranerinnen um Hilfe schreiend noch selber zum Ausdruck bringen konnten, daß es zu dieser Frage im Land selbst offenbar unterschiedliche Auffassungen gibt. Bis auf Ausnahmen, die keinerlei Unterstützung erhielten, schwiegen die Frauenbewegungen der westlichen Länder weitgehend. Diese iranischen Lieschen Müllers wurden zu Tausenden vergewaltigt und dann umgebracht. Sie wurden zuerst vergewaltigt, weil Jungfrauen nach dem Koran nicht hingerichtet werden dürfen. Heute sind die Übriggebliebenen vielleicht froh, daß sie den Schleier wenigstens nicht noch über die Augen ziehen müssen oder gar über ein Auge – wie es vielleicht die Touristinnen kennen, die schon in ihren ärmellosen Kleidchen Tunesien besucht haben und dabei diesen weißen Raben begegnet sind, die nicht einmal zweidimensional gucken dürfen, obwohl sie zwei Augen haben. Auch im halbsozialistischen Jugoslawien haben die Häuser in den muslimischen Dörfern meterhohe Mauern um sich, denn es schickt sich nicht, daß die Frauen auf die Straße gehen oder daß sie von der Straße aus gesehen werden.

Es ist also gar nicht so einfach, daß sich weltweit der Mann auf der Straße und die Lieschen Müllers überhaupt begegnen können, jedenfalls nicht auf der Straße, geschweige denn, daß sie gar eine gemeinsame Sprache und Meinung entwickeln. Es sei denn natürlich, sie wird dazu gebracht, das zu sagen, was er zu sagen für richtig hält.

Möchte L. M. auch auf die Straße, dann muß sie einen Vorwand finden. In der Vergangenheit mußte sie sich dazu verkleiden und zwar als Mann. Von diesen Frauen kennen wir auch die Namen. Sie heißen nicht Lieschen Müller. Sie heißen zum Beispiel Yentl, die sich Männerkleidung anziehen und eine Existenz als Mann führen mußte, nur um ein Buch lesen zu dürfen. Flora Tristan, die französische Frühsozialistin, besuchte als Türke verkleidet das englische Parlament, zu dem Frauen keinen Zutritt hatten. Verkleidet strich sie durch die Slums von London und schrieb Artikel über die Lage der arbeitenden Klasse. Diesen Aufsatz schrieb dann später zum Beispiel Friedrich Engels fast wörtlich bei ihr ab, ohne ihren Namen zu nennen oder die Herkunft anzugeben. Dieser Text gilt noch immer als einer seiner wichtigsten Aufsätze. Oder wir kennen Frau Eberhard, die die Wüste bereiste; denken aber auch an George Sand und vergessen nicht die kessen Väter, ebensowenig die Frauen Abgeordneten von der GAL in Hamburg, die noch letzthin mit Anzug und Schlips ins Parlament einzogen. Sie werden ihre Gründe dafür gehabt haben.

Es zeichnet sich also ab, daß es zumindest ein gewagtes Unternehmen ist, die beiden zusammen zu zitieren. Denn wir müssen die Vermutung äußern, daß die Herrschaften, die Lieschen Müller so oft erwähnen, von ihren Wünschen nur über andere erfahren. Und da liegen, wie wir gesehen haben, doch erhebliche Fehlerquellen. Von den speziellen zu den allgemein menschlichen Interessen wird vielleicht zu kurz geschlossen. Es ist ein weiter Weg, Luise...

Nehmen wir nur den Hinweis auf den Film „40 qm² Deutschland". Die nach L. M. Fragenden wurden dorthin geschickt. Dieser Film träfe auf den Geschmack von Lieschen Müller, sie spiele auch selber mit, in ihrer türkischen Ausprägung, und viele deutsche säßen drin.

Es saßen tatsächlich viele Frauen im Kino, und viele von ihnen konnten sich nicht einkriegen über den Mann. Er sei ein Schatz, sagten sie. Wieso kann er ein Schatz sein, er sperrt doch seine Frau ein, das ist doch überhaupt das Wesentliche des Films! Ach, sagten diese Frauen, welcher Mann trägt schon täglich den Müll runter? Auch in einem Zwei-Personen-Haushalt fällt da einiges an! Welcher Mann kauft täglich ein? Nach der Arbeit! Merkt sich alles, was fehlt. Schaut nach Sonderangeboten (was notwendig ist, wollen sie mit dem Geld auskommen). Selbst wenn er einmal in der Woche in den Supermarkt geht – wer kennt es nicht, daß die Nelken fehlen, der Lorbeer, die Binden, das Waschpulver. Und vieles braucht man auch täglich frisch. Der Arme schleppt und schleppt, vier Treppen rauf, vier Treppen runter. Man sieht es zwar nie, aber außer ihm kann es ja niemand bringen, und verhungert sieht sie jedenfalls nicht aus. Außerdem: wie steht er da vor seinen Landsleuten! Als rechter Waschlappen. Dem hätten die Frauen gern zugehört, wie er das seinen Männern verklart. Der Türke mit dem Müll, wie ein deutscher Softie, eigentlich nicht wie ein Mann!

Seine Frau verkraftet das jedenfalls gut, das Eingesperrtsein. Sie wird nicht mal blasser. Sie hat keine Kreislaufstörungen aus Bewegungsmangel, obwohl sie doch noch sehr jung ist. Sie will das Land nicht sehen, sie will kein Geld verdienen, sie will keine anderen Männer – auch wenn sie träumt, träumt sie anständig von Vater und Bruder. Das einzige, was sie will, ist, ihr buntes Kopftuch auf den Rummel führen. Vielleicht schämt er sich auch einfach ihrer Idiotie. Sie fragt nicht, wie es werden soll, wenn erst das Kind da ist. Der Sohn natürlich. Dann muß er noch mehr arbeiten und schleppen. Auch noch den Kinderwagen? Oder soll das Kind auch oben bleiben? Der einzige Sohn? Vier Treppen ohne Fahrstuhl? Ist diese Frau so angenehm, weil sie überhaupt kein Bedürfnis mehr hat? Wünscht man sich so L. M.? Da steht sie am Fenster – sind es ein oder zwei Jahre? –, und was sieht sie von Deutschland?

Es könnte auch ein anderes Land sein. Was also sieht sie von der Umgebung? Eine Altbauecke. Eine ein klein wenig heruntergekommene, nicht eben reiche Ecke, von der behauptet wird, dies sei Deutschland. Und was bekommt dieses Lieschen Müller als einziges frauliches Pendant zu sehen, wenn sie aus dem Fenster schaut? Eine deutsche Hure! Vielleicht stehen an dieser Ecke wirklich einige. Aber sollte im ganzen Jahr nie eine Frau mit Kopftuch dort auch vorbeilaufen? Sollte sie gerade diese Frau immer verpassen, obwohl sie so viele Stunden am Fenster verbringt? Wäre sie nicht mehr elektrisiert vom Anblick einer anderen Türkin mit Kopftuch? Von einer normalen Frau mit Einkaufskorb? Einer Frau mit Kinderwagen? Wäre das keine größere Sensation, diese Frauen da unten zu sehen? Und in dem einen oder den zwei Jahren geht nie eine vorbei?

Träumt diese Frau etwa von Sex? Aber diese Art von Realismus wird den Zuschauern erspart. Oder auch nicht zugemutet. So kommt diese Frau nie dazu, mal das Fenster aufzureißen und einer Lands*männin* etwas zuzurufen, sie um eine Information zu bitten. Dramaturgisch muß dem Auffliegen des Schwindels vorgebeugt werden. Der Mann muß sterben, bevor er vollends in die totale Doppelfunktion als Hausmann und Arbeiter gerät und damit als Türke nun zu Recht das ganze Interesse für sich beanspruchen könnte. Er wäre ein so interessanter Fall, daß man von ihm jetzt endlich mehr wissen möchte als von ihr, deren traurige Augen am Fenster nun schon allzu bekannt sind.

Die Frau kommt vermutlich nach dem Tod ihres Mannes und nachdem sie die Treppe hinuntergestolpert ist, unters Auto. Sollte sie aber doch am Leben bleiben und zäh genug sein, könnte sie unter Umständen Filmregisseurin werden wollen und es vielleicht auch werden. Sie könnte das Bedürfnis haben, zu zeigen, wie es wirklich war. Sie würde in ihrem Drehbuch ausmalen, welche Haß-Energien sich in dieser stummen Frau aufgestaut hatten. Sie würde beschreiben, wie sie ihm heimlich in die Suppe spuckte, die sie für ihn kochte. Oder wie sie seine Tabletten vertauschte. Oder wie sie den Müll zerdehnte, damit er möglichst oft laufen mußte. Wie sie, aus dem gleichen Grund, extra oft etwas zum Einkaufen vergaß und ihm dann sagte, er habe es vergessen. Er konnte nicht böse sein, denn sie konnte nicht schreiben. Aber er mußte wieder runter.

Höchstwahrscheinlich würde diese Regisseurin das Geld nicht kriegen für den Film. Angeödet würde man sagen: „Was, schon wieder ein Frauenfilm?“ Vielleicht würde sie aber ein bißchen Geld kriegen, würde einen ärmlichen Film machen, den ein ärmlicher Verleih übernehmen würde. Ihr würde vor allem auch der Titel hochstaplerisch vorkommen, denn Deutschland kommt ja in dem Film nicht vor. Kranke Menschen kommen vor. Sie würde also einen anderen Titel wählen, und die Presse würde nichts schreiben oder würde schreiben: „Schnipp schnapp – Gegenschnitt“ oder etwas von Männerhaß und engem Feminismus. Und die Kirchen würden sie nicht aus Dankbarkeit für diese sanfte bemitleidenswerte Frauenfigur mit Preisen überschütten. Und so weiter.

Im Film der Regisseurin käme der Mann auch nicht um. Er würde das Einsperren nicht wirklich durchgehalten haben. Sie hätte sich durchgesetzt mit ihrer Taktik, an seine Bequemlichkeit zu appellieren. Aber dann wäre es erst richtig schlimm geworden, und wir hätten Isolation bei geöffneten Türen gesehen. Sie würde nicht an das Mitleid der Männer appellieren, sie einmal im Jahr – als einzigen Wunsch – auszuführen. Diese Frau wäre weniger bescheiden. Sie wendet sich nicht an das Mitleid, sondern an das Gefühl beleidigter Existenz und an den Verstand. Sie würde die schon erwähnten Iranerinnen und die eingebundenen Füße einbeziehen. Damit aber würde sie eindeutig ihre Grenze und die ihr zugestandene Kompetenz überschreiten, und ihr würde mit Sicherheit Lieschen Müller vorgehalten werden, an der sie sich nun endlich ein Beispiel zu nehmen habe. An die sie denken möge.

Dann könnten wir also sagen, Lieschen Müller und der Mann auf der Straße hätten gegensätzliche Interessen? Falsch, sagte hier Dörte Möller. Lieschen Müller liest dem Mann jeden Wunsch von den Augen ab, schon bevor er dort als Glimmern erscheint. Sie hat den kleinen Mann im *Ohr*. Sie liest ihm auch die Worte von den Lippen ab, so wie die Frau eines sowjetischen Dichter-Dissidenten, die ihn auf seinen westlichen Reisen begleitete, immer in der ersten Reihe saß und Wort für Wort stumm seinen Vortrag mitartikulierte, so daß er, würde er stekkenbleiben – was nie geschah –, sofort weitersprechen könnte. Diese Nachricht habe sie einmal vor Jahren und ohne irgendeine hämische Anmerkung im „Stern" gelesen. Dörte Möller fuhr fort: L. M. habe eben keine andere Meinung als er. Sie habe gar keine. Oder sie übernähme immer nur seine. Darum setzt er sich eben durch.

Nach einer Weile stand Dörte Möller noch einmal auf und sagte: Der Film über die Fliegende Untertasse am 16.1.1987 in der ARD um 20 Uhr 15, zur besten Zeit also, war ein Film für den Mann auf der Straße. Aber, wie gesagt, L. M. schaut ihm auch zu. Glotzt blöde hin. Darum ist er eben auch für sie. Er geht so:

Amerikanische Raumfahrer stoßen mit einem UFO zusammen. Dabei stirbt ein Astronaut. Das UFO muß notlanden. Es wird heimlich von Regierungsstellen zu einem NASA-Stützpunkt gebracht. Dort soll es untersucht werden. Da Wahlen vor der Tür stehen, die der alte Präsident auch wieder gewinnen will, sollen die Wähler nicht beunruhigt werden. Die Astronauten werden über ihre Erlebnisse belogen. Sie machen sich jedoch daran, das Geheimnis selber herauszufinden. Das Weiße Haus sendet berufsmäßige Killer aus, um die Piloten am Nachforschen zu hindern. Als es einem gelingt, auf das Gelände zu dringen, auf dem das UFO untergebracht ist und wo es von einem riesigen Stab von Wissenschaftlern und Technikern zerlegt und untersucht wird, läßt die Regierung das ganze Gelände bombardieren. Aus wahltaktischen Gründen. Das wäre also, als würde das Bundeskanzleramt den Flughafen Nörvenich mitsamt aller Mitarbeiter auslöschen.

Normalerweise wird bei solchen Filmen auf die Liberalität der US-Amerikaner verwiesen, die straflos ihre eigene Regierung als Mörderbande darstellen können und damit nichts weiter machen als gute Unterhaltung. Was dabei nicht thematisiert wird und nie thematisiert wird, ist die dem zugrundeliegende selbstverständliche Gewalt, die den Film dramaturgisch überhaupt erst entschlüsselt. Ein Film, der der Sozialisation des Mannes auf der Straße entgegenkommt, nicht aber der von Lieschen Müller.

Die Gewalt besteht darin:

Das unbekannte Flugobjekt wird sofort behandelt, nicht erst beobachtet oder beachtet. Niemand weiß, worum es sich handelt. Offensichtlich aber um höhere Intelligenzen, denn immerhin haben sie uns aufgespürt, nicht wir sie. Also wäre Vorsicht angebracht. Denn niemand weiß, ob nicht etwas explodiert, Chemikalien freigesetzt werden usw. Vorsicht wäre angebracht! Aber all diese Wissenschaftler drücken blindlings auf alle möglichen Knöpfe, berühren Flächen, kommen in Strahlen und entgehen einigemale auch nur knapp gefährlichen Situationen und einmal einer Katastrophe. Die dramaturgische Voraussetzung, die nicht hinterfragte, ist, daß dieses Ding auseinandergenommen gehört. Dem liegt der Gedanke zugrunde, daß Fremdes unerträglich ist. Fremdes wird erst ungefährlich, wenn es zerstört ist. Um das zu erreichen, werden die höchsten Kreise eingesetzt, die dem zustimmen müssen. Diese höchsten Kreise verhalten sich ihren eigenen Wissenschaftlern gegenüber auf die gleiche skrupellose Weise. Sie opfern lieber die eigenen Leute, als die nächste Präsidentschaft des amtierenden Präsidenten zu gefährden.

Das altmodische Lieschen Müller hätte sich vermutlich auf die Wiese gesetzt, auf der das UFO gelandet war, und hätte gar nichts gemacht. Sie hätte zugeschaut. Sie hätte beobachtet, nichts unterbrochen. Das könnte vielleicht auch schlechte Seiten haben. Aber die sind noch nicht bekannt.

Dieser Film läuft also abends um acht. Ein Porno-

Film, der ja oft den Zorn der Frauen auf sich zieht, ist weniger gewalttätig als ein solcher Film. Denn ein solcher Film handelt vom Durchschnitt des brutalen Denkens in seiner unbewußten Form. Es gibt auch lausige feministische Streifen, die eventuell ein ähnlich einfaches Weltbild vermitteln. Sie sind vielleicht ähnlich gefährlich. Der Unterschied besteht nur darin, daß die einen Filme im Hauptprogramm der öffentlich-rechtlichen Sendeanstalten zu finden sind und die anderen nicht.

Sind mal Ansätze einer fremden und seltenen, also ungewohnten Dummheit zu finden – Dummheiten, die aus fremden Selbstverständlichkeiten herrühren –, werden sie sofort bemerkt. Und es hagelt massenhaft Proteste. Und alle beeilen sich, sich von dem Gesehenen zu distanzieren. Das Geheimnis liegt aber nur darin, daß diese Art von ideologischen, rassistischen oder auch feministischen Dummheiten nur deshalb eher auffällt, weil sie kein Allgemeingut und keine kulturellen Selbstverständlichkeiten sind wie die normale männliche Dummheit.

Wir kommen also zu einer weiteren Frage. In wessen Namen wird gesprochen? Oder: Gehört Lieschen Müller zum Volk?

Volk ist die Gemeinschaft der Staatsangehörigen eines jeden Volkes. Volk ist auch die Gemeinschaft der durch gemeinsame Abstammung, Kultur und Überlieferung, meist auch durch eine gemeinsame Sprache Verbundenen.

Da, wo Lieschen Müller herkommt, auf dem Land, sprach man darum auch noch genauer vom Weibsvolk und vom Mannsvolk, so wie sie dort auch von Pflaumen und von Kürbis und nicht allgemein von Obst sprechen.

Heute gehört Lieschen Müller zum Volk, wenn sie das macht, was der Mann von der Straße macht, bzw. was im Namen des Mannes von der Straße geschieht. Die Sache mit der Volkszugehörigkeit wird fraglich, wenn sie zu eigenen Einschätzungen kommt.

In der Frage der eingebundenen Füße, der Beschneidung, der Kopftücher waren die Dinge relativ klar und offen. Da war deutlich zu sehen, daß zur Frage der Volkszugehörigkeit wohl auch noch die Frage von Macht gehört. Lieschen Müller fragt sich also, besonders bei Urteilen im Namen des Volkes, ob sie daran mitgewirkt haben könnte. Ist sie auch gemeint? Und wie sieht das konkret aus? Heißt „im Namen des Volkes" auch: „Im Namen von Lieschen Müller"? Wäre das mal auszuprobieren?

An dieser Stelle zog Lisbeth Müller das Film-ABC aus der Tasche. Sie las die Namen der Männer und Frauen vor, die im NDR, im SFB undsoweiter einen wichtigen Platz einnehmen. Die einer Abteilung oder einem Ressort vorstehen. Im NDR zum Beispiel sind es 125 Männer und 13 Frauen. Die Posten der Frauen verdienen besondere Aufmerksamkeit. Sind sie in „Zeitgeschehen" und „Politik", oder sind sie im Frauenprogramm, Kinderprogramm, Unterhaltungs- oder Kammermusik?

Lisbeth Müller las dann die Namen der Herren von der ARD vor. Da waren die Frauen nun ganz raus – bis auf die Dame von der Presse. Elisabeth Müller ergänzte die Ausführungen von Lisbeth Müller und zeigte das „Who is Who" der Neuen Medien. „Die hundert Macher." Mit Bild. 98 Männer.

Die verschiedenen Damen Müller beriefen sich also auf ihre Verwandtschaft mit Lieschen Müller. Sie behaupteten auch schon mal, sie zu sein, und beschlossen, für mehr Klarheit und Logik sich einzusetzen. Sie regten an, zunächst mal das Wort MENSCH aus ihrem Wortschatz zu streichen. Sie stellten ausdrücklich fest, keine GLEICHBERECHTIGUNG zu wollen.

Das machte viele Herren fassungslos. Ja, was wollten sie dann? MENSCHENRECHTE? Die Müllerschen verneinten das. Sie wüßten es noch nicht genau, aber eben das würden sie gern herausfinden: was sie eigentlich wollten. In Zukunft, erklärten sie kühl, würden sie sich ein Beispiel nehmen an den knochentrockenen Tarifgesprächen zwischen Arbeitgebern und Arbeitnehmern, wenn sie sich mit dem Mann auf der Straße auseinanderzusetzen haben. Die Genannten hätten schon eine lange Erfahrung im Sich-Auseinandersetzen und im Umgang mit Geländegewinn und -verlust. Punkt für Punkt würden sie neu bestimmen müssen. Mag sein, daß sie auch einiges finden könnten, wo sie sich einigen und das Wort MENSCH als Oberbegriff wieder einführen könnten. Aber erst, nachdem sie im Einzelfall, in jedem Einzelfall den Sachverhalt geprüft hätten. Jedes Gesetz, so würden sie anregen, müsse auch noch satzungsgemäß unter der Frage geprüft werden: was es für Männer, Frauen, Kinder an Unterschiedlichkeiten bringe.

HUMAN RIGHTS, beschlossen sie, sei zu allgemein. Sie würden in Zukunft ganz gezielt von Frauen-Kinder-Männerrechten reden, sie aushandeln wie in Tarifverhandlungen und sich nicht unterbrechen lassen und verwirren durch Hinweise, das sei umständlich und Zeitverlust und würde einige Rationalisierungsmaßnahmen zunichte machen.

So, sagten die Damen Müller und Möller und die mit den Doppelnamen, dies wäre weiterzugeben, wenn demnächst wieder Lieschen Müller als Autorität von den Redakteuren undsoweiter herangezogen würde. Sie bliebe kühl. SDI, würde sie gedehnt sagen, es tue ihr leid. Darüber habe sie noch nicht genügend nachgedacht, noch sei ihr das nicht klar. Sie werde sich gegebenenfalls und wenn sie so weit sei, zu dem Sachverhalt äußern. So lange aber möchten die Herren, wenn sie über Verteidigung, Haushalt, Kinder, Krankenfürsorge, Forschung undsoweiter beraten würden, dies bitte ausschließlich in ihrem eigenen Namen machen und sie, Lieschen Müller, ausdrücklich ausschließen. Sie könnten ihre Sache weitertreiben. Sie seien aber nicht berechtigt, über ihre, Lieschen Müller's, Mittel auch weiterhin zu verfügen. Gegebenenfalls könnten sie kooperieren. Das müsse sich jedoch herausstellen.

Es sei ihnen im übrigen im Augenblick egal, ob der Mann auf der Straße sie verstehe. Sie müßten sich jetzt selbst verständlich machen.

Männerbewegung

Maria Neef-Uthoff

DIE GRÄSSLICHEN NÖTE VON PETER PAN

Beschreibung eines Syndroms

Da sitzt er auf seinem Bett und fürchtet sich, oh, und so unsicher, ob er nun so oder so an die Frau heransoll. Mit diesem herzzerreißenden Hundeblick zeigt er seine Machtlosigkeit dem Weib ihm gegenüber.

Hingerissen streichelt sie ihm über den braunen Lokkenkopf, krault hier ein bißchen, zupft dort ein bißchen. Allerliebst ist er doch, wie er so zielstrebig mit seinen Fingern wandert, während er rührend mit langen Wimpern feucht aus blauen Augen ernsthaft guckt.

Er hat so artig die Knie nebeneinandergestellt. Die Füße dazu ganz parallel in Naturwollesocken mit dem vorwitzigen Löchlein, das den Blick auf einen ziemlich gelben Zeh freigibt.

Ach, und die Strickjacke seiner Mutter wärmt seine schmalen Schultern. Nichts läßt er auf die Strickjacke kommen, auch wenn sie schon ausgebeult wie ein Röckchen ihm am Rücken hängt.

Es ist was ganz herzig Liebes an ihm. Auch seine gemütlichen Schluffen sind keineswegs garstig oder unappetitlich. Und hinterher zieht er sich die Unterhose an, weil er sich schämt, seinen nackten Schwanz zu zeigen, und mit eingezogenen Schultern schleicht er in die Küche und kocht einen wunderbaren Tee. Und dann ist er wieder so schmusig weich und hat so viel Gutes zu sagen, und ganz bestimmt mußt du morgen wieder kommen, ganz bestimmt, ich bin ja so froh, daß ich dich habe.

Als sie weg ist, würde er am liebsten gleich davonlaufen. Auf jeden Fall wäscht er sich gründlich, vor allem unten. Aber dann quält ihn irgendwas, er weiß nicht was. Am liebsten würde er seine Mutter anrufen, aber die ist tot.

Dann blättert er in einer Zeitschrift und erkennt, daß er unter dem Syndrom leidet. Erleichtert atmet er auf. Noch mal davongekommen.

Er ruft seinen Freund an. Leidest du auch unter dem Syndrom? Unter was für einem Syndrom? Der Freund ist ja völlig unwissend. Na, das steht doch überall in der Zeitung. Ach so, das, sagt der Freund, ja, das kenne ich gut.

Darüber müssen beide ein bißchen weinen. Die Telefonhörer werden ganz naß. Aber ich möchte gar nicht erwachsen sein, schluchzt der Freund. Das ist doch so gräßlich, da stelle ich mir immer den Bundeskanzler vor, ich will nicht so sein wie der Bundeskanzler. Ich auch nicht, weint unser Freund, da werde ich stocksauer, wenn die sowas von uns verlangen.

Wir haben ein Recht so zu sein, wie wir sind.

Aber schon am Abend fehlt ihm die Frau. Er ruft an. Dreimal am Tag. Er sagt, er liebt das Telefon, weil er sie so liebt. Er weiß, wie man sich als Erwachsener verhält. Er ist pünktlich bei Verabredungen, sagt klar seine Meinung und gibt sich verantwortungsvoll. Er macht das, weil er nicht allein sein kann. Sie muß da sein, und wenn sie nicht will, macht er den Hundeblick, und wie ein Automat streichelt sie ihm übers Haar, und husch hat er sie fest im Griff.

Ein glückliches Paar, könnte man sagen. Denn er kocht auch und gibt sich väterlich und scheut sich nicht vorm Wäschewaschen. Auch ist er klug und hat diese modernen Gedanken über Freiheit und Emanzipation des Mannes.

Denn auch der Mann müsse seinen Weg erst finden, sagt er ernst und betrachtet sein hübsches Gesicht im Spiegel.

Da fühlt eine Frau sich richtig verstanden. Und ist gern und schnell dabei, zurückzuverstehen. Und wie nett er sich außer Haus kleidet, wie attraktiv er ist.

Ein wirkliches Goldstück hat sie sich eingehandelt. Einer, der gut über sich Bescheid weiß, wie man sich's immer wünscht, der Zugang zu seiner Seele hat. Wo auf dieser Welt findet frau das ein zweites Mal?

Er muß aber oft für sich sein. Das ist für seine Selbstentwicklung wichtig. Er darf nur das tun, was er wirklich will, sagt er ihr immer, und sie läßt ihn ruhig und liebevoll gewähren. Und wenn er sein Syndrom hat, dann hat er keine Zeit für sie. Das versteht sie gut.

Was sie möchte? Mädchen, was für eine Frage. Schließlich hat sie ihre Emanzipation schon abgeschlossen. Auch wenn sie jetzt ein bißchen leidet, na ja, das kommt schon mal vor. Hauptsache, ihm geht's gut.

Und da gibt's keine Zweifel. Oder doch? Nach gut einer Woche ist er vom Erwachsentun so genervt, daß er Depressionen kriegt. Er fühlt sich vollkommen eingefangen, wie eine Maus in der Falle. Er ist beleidigt und spricht nicht mehr mit ihr. Schließlich ist sie schuld. Ihretwegen hat er das ganze Theater angezettelt.

Neben dem großen Unbehagen spürt er noch so ein kleines süßes Unbehagen. Und das heißt Marita. Die hat er vor kurzem bei einem Freund gesehen. Na, wie die aussieht, wird sie sicher nicht solche Schwierigkeiten machen. Die bindet einen Mann nicht ans Haus.

Und außerdem sieht sie aus wie die Mädchen aus den Illustrierten, aber darum geht es ihm echt ja überhaupt nicht. Was zählt, sind die beiden Unbehagen.

Sie riechen nach Abenteuer und Emanzipation.

Nein, er hatte ihre Telefonnummer nicht plötzlich vergessen. Nein, er hatte nur keine Lust mehr gehabt, sie anzurufen. Worüber sollte man schon reden. Sie merkt doch auch so, daß er nicht mehr will.

Liebe – das war vorige Woche. Er muß auf sich aufpassen, muß auf seine Gefühle achten. Was sie denn will. Sie ist überhaupt so voller Ansprüche, das geht ihm schon lange auf den Keks. Sie ist ja richtig klammerig. Das muß sie doch verstehen, daß sich Gefühle verändern.

Na klar, sagt der Freund, mit dem er telefoniert, ist doch typisch. Da fährst du besser mit ganz jungen Frauen, die wollen sich nicht so festlegen. Aber irgendwie ist doch alles Scheiße, meint der andere, irgendwie ist es doch so auch nicht richtig. Zuerst kommst aber du, sagt der Freund, zuerst, zuallererst kommt dein Ich. Da kannst du dich bei deiner Mama beklagen, schließlich hat sie den ganzen Mist verursacht, du kannst gar nichts dafür, du mußt bloß an dich selbst denken.

Beruhigt legt unser Freund den Hörer auf. Er denkt an sein Syndrom. Wie gut, daß es andere Männer gibt, die in der gleichen Lage sind wie er. Wie gut, daß man nicht allein damit ist. Wie gut das alles ist, und wie recht sie doch haben.

Alle Männer werden von Frauen erzogen. Sollen sie doch erst mal da was verändern.

Süß, wie er im Spiegel aussieht, ob er die Haare etwas länger oder etwas kürzer? Ein bißchen dicker könnten seine Lippen sein, eine Idee nur, das würde sich gut machen.

Heute Abend ist er mit Marita verabredet. Da wird er sich wieder fürchten, das weiß er jetzt schon.

Und die andere? Die blöde Kuh läuft ihm immer noch nach. Als hätte sie irgendwelche Rechte an ihm, so was Absurdes. Will immer noch mal reden. Dabei gibt's nichts zu reden. Außer im Bett verstehen sich Männer und Frauen doch sowieso nicht.

Bei jedem Anruf hat er Angst, sie könnte es sein.

Er geht gar nicht mehr ans Telefon. Aber eines Tages steht sie vor seiner Tür. Er ist völlig verblüfft. Und kaum hat er guten Tag gesagt, hat er schon ihre Fäuste im Gesicht. Das paßt aber gar nicht. Mann, die kann ja schlagen, schießt es ihm durch den Kopf. Alle Achtung, denkt er noch, dann verliert er die Besinnung.

Und dann hat sie ihn wieder nur für sich. Mama tröstet und sorgt. Mütterlich macht sie Umschläge; auch über die Augen. Bis er eines Tages wieder sehen kann.

Sabine Zurmühl

DIE CUTTERIN IST EIN CUTTER

Selbstbestimmung: Ein Trauerfall

Beim Autofahren der Wagen vor mir. „Fuck the Army", hat sich der Friedensvertreter ans Heck gepinnt. Bei dem Spiel „wer fickt wen durch" dürfen wir dreimal raten.

Der Sohn des Kriegsverbrechers Dr. Frank (Doktor – soviel Zeit muß sein) schreibt im „Stern" über seinen Vater. Wie er, der Sohn, sich einen Orgasmus verschafft hat, auf dem Boden des Badezimmers liegend, in Gedanken an diesen furchtbaren, für die Ewigkeit überlegen bleibenden, stolzen, bornierten Vater, der auch im Angesicht des eigenen Kriegsverbrechertodes nur Sprechblasen von sich geben konnte, Jokes, Überflüssiges, Peinliches. Beim Lesen leide ich mit dem heute fünfzigjährigen Sohn. Ich bin ihm dankbar für den Verrat des Geheimnisses von Lust und Macht, eine nicht genauer zu umschreibende Entlastung für die unzähligen Male, bei denen mir Männer – an meinen aufgeklärten Wissensstand appellierend – zitierten, als wären sie dabei gewesen, daß die Frauen ja Hitler an die Macht gebracht und sich vor Verehrung immer in die Hosen gepißt hätten. (Immer ein prüfender Blick aus den Augenwinkeln: zuckt sie zusammen, oder nickt sie scheinbar gleichmütig und abgeklärt. Der kleine Lakmus-Test über Geschlechterprüderie...)

Bei der Fernsehdiskussion zum 20. Jahrestag des 2. Juni

1967, der Ermordung Benno Ohnsorgs, sitzen zehn Männer da. Bommi Baumann im Anarchisten-Outfit, Tillmann Fichter und Peter Schneider professoral und zunehmend mit heißen Backen in der Erinnerung entzündet. Frauen sind nicht vorhanden – die Politik ist nach fünfzehn Jahren Frauenbewegung so männlich und borniert wie immer. Redaktion der Sendung: zwei Frauen. Schlechte Arbeit, Schwestern!

Die Gründerin der Arbeiterwohlfahrt, Marie Juchacz, hat in ihren Memoiren beschrieben, wie sie, die Sozialdemokratinnen, sich stolz und endlich fähig fühlten zur öffentlich-politischen Auseinandersetzung, und wie sie zur Kenntnis nehmen mußten: die Frauen der bürgerlichen Frauenbewegung konnten das alles längst besser. Der Vorsprung sei nicht mehr einzuholen gewesen. So ist es mit den politischen Erfahrungen der Frauen im Verhältnis zu den Männern – noch. Sie können es schon, sie sprechen schon fixer und entschiedener. Das Lernziel, schnaufend erreicht, mit entsprechenden Wunden und Anstrengungen, ist immer schon längst wieder verschoben. Der historische Vorsprung an Öffentlichkeitskultur, „Ik bin all dor", sagte der Igel.

Herr Pilgrim sagt, sich an die hagere Brust klopfend: Es ist fast nichts brauchbar, was patriarchatsstützende Männer gedacht und hinterlassen haben. – Also, so kann man das nun auch nicht sagen. Um der Gerechtigkeit willen wäre zu bedenken zu geben, daß auch mit Pilgrim ja dann wohl nicht die Zeit des Brauchbaren anfinge – und was im übrigen von der suizidalen Tendenz unserer männlichen Kulturen zu halten wäre, wie sie Mary Daly u. a. behauptet hat. Die anderen Männer im Geiste zu morden, um selbst noch einmal davonzukommen, ist vielleicht ein Weg – aber, um den Autor mit dem Autor zu schlagen: „Auch der unwilligste Mann ist mehr Teil der Männergesellschaft, als es die willigste Frau sein kann..."

„Kinder sind letztlich kein Männerschicksal", kann der neue Vater sich und alle, die Gleiches verwegenerweise versuchen sollten, trösten. Noch herrscht das Prinzip der Freiwilligkeit, gegen das jeder halbwegs das achtzehnte Jahrhundert respektierende Mensch schließlich nichts haben sollte. Selbstbestimmung als Kampfruf – da dürfen wir auch den Männern diese schöne Erfahrung nicht mißgönnen. Und nicht übelnehmen, daß einer, der mal ein paar Monate alleinverantwortlich und ohne weitere Berufsausübung für sein Kind sorgt, darüber auch gleich einen Aufsatz schreiben darf, den interessierten Lesern vorlegt, wie das so ist mit der zerrissenen Zeit. Das Kind hält sich nicht an Mahl-Zeiten, es scheißt in die Windel, wann es ihm paßt, und deshalb liegt einfach die politische Forderung nahe, die der neue Vater nun als Fazit unterbreitet: Er wolle berufstätig sein *und* Kinder haben, und diese böse Berufswelt, die sei einfach nicht so. Hunderte, Tausende von Artikeln, Flugblättern, Gewerkschaftszeitungen und feministischen Zeitungen sind mit eben dieser Erkenntnis – übrigens kenntnisreicher – gefüllt worden. Jetzt gilt, was wir schon lange behaupten: die eigene Erfahrung zählt.

***

Die Aggression aus Verbitterung liegt so nahe. Wir haben uns solche Mühe gegeben, damit sie dazulernen. Und wenn sie's nun tun, ungelenk oder vorlaut, zu selbstgewiß wieder oder zu demütig, dann ist es auch nicht recht. Weil die Erlösung ausblieb. Der Sprung in die neue Qualität; in die Erleichterung oder ins Glück. Auch die neuen Formen der Bemühung um Verständnis, des Nachfragens immerhin, auf Männerseite, zeigen keinen neuen Menschen. Das ist die erste Enttäuschung, und die zweite: Jetzt ist es wieder an uns, hic Rhodos, und auch wir sind die neuen Menschen leider nicht.

Was die einsichtigeren, die schneller kapierenden Männer zu ihren Überlegungen über eine neue Männerrolle bringt, zu ihren Männertagen und Erlebnisberichten, ist die historisch fällige Erweiterung der männlichen Rolle. Die wirtschaftliche Entwicklung in der sogenannten Ersten Welt, die immer kürzeren Arbeitszeiten, die Notwendigkeit zu mehreren Berufen und die „Versingelung" der Haushalte lassen eher jene Männer erfolgreich sein, die sich von der Verkarstung des alten Patriarchalen lösen. Nicht für die Frauen, für sich.

Die Verbrüderung, die Verschwisterung, wenn es nichts kostet. Wenn gerade die Stimmung so gut ist oder ein Übermut es erlaubt. Wehe, das wirkliche Leben ist gemeint, ein Rechnen mit der männlichen Selbstüberwindung – und sei es nur die zur Zurückhaltung – wird aufrechterhalten. Dann wechselt der Code, es beginnt die Sprache des Verteilungskampfes, und da, liebe Schwestern, könnt ihr auf mich leider nicht rechnen. Ich bin ja doch letztenendes für mich selbst verantwortlich. Das sagt Ihr doch auch! Ich sehe nicht ein, warum ich als Mann in dieser Arbeit schlechter sein soll. Ihr werdet doch nicht diesen Schwachsinn mit der Proporzfrau vertreten. Da habe ich euch aber für souveräner gehalten.

Das Wissen der Männer über die Einsichten und Forderungen der Frauenbewegung wird ihnen immer wieder zu Herrschaftswissen geraten. Solange die Geschlechterverteilung eine Machtverteilung ist, *kann* Erkenntnis über die Situation der Frauen die Männer nur noch geschickter, wendiger machen, sich den Forderungen der Frauen zu stellen, oder besser: ihnen zu entgehen.

***

Die Dialektik der Begrenzungen. In jedem Appell, die Geschlechtergrenzen zu überschreiten, steckt eine neuerliche Festigung der alten. Solange gibt es noch zwei Reiche, das arme und das reiche Königreich. Immer wechselseitig wird der Reichtum vermutet.

Die Neuer-Mann-Bewegung, die eine Frauenausschlußbewegung im Namen der Frauensache ist. Homosexualität als Angebot, aus der Falle der femimistischen Anwürfe herauszukommen. Die Unmöglichkeit der Liebe wenden in ein Programm einer neuen Liebe.

Die wenigen Männer, die es psychisch schaffen, ihren Frauen-Einsichten Taten folgen zu lassen, sind solche, die in ihrer Biographie durch Niederlagen gegangen sind. Das Erlebnis der Demütigung, des Ausbleibens des legitim zu Verlangenden. Weiterleben trotz erkanntem, unübersehbarem Mißerfolg. Die daraus, in der Bewältigung, entstehende Demut trifft offensichtlich auf eine soziale Erfahrung der Frauen, läßt ein Ähnlichempfinden zu.

Die Klassenzugehörigkeit ist nicht ausschlaggebend. Frage, ob sie es je war. Die Männer der unterschiedlichen Berufe, Einkommensklassen, Bildungsstufen und Klan-Zugehörigkeiten äußern sich in unterschiedlicher Weise offen, in unterschiedlicher Weise direkt – die Verachtung der sich unterwerfenden Frau bei gleichzeitig angstvollem Verbot der befreiten ist sich gleich.

Häme allein soll es nicht sein, was auf Bemühungen der Männer zum anderen Umgang mit ihren Rollen geäußert wird. Schließlich wollte die Frauenbewegung recht haben; jetzt bekommt sie es in eigenen Punkten – argumentativ, nicht etwa schon real – zugestanden, und schon bleibt oft nur Mißtrauen und Spott. Die Nicht-Bewegung der Männer wäre einfacher gewesen.

Der neue Mann, der plötzlich den Mut zum Bekenntnis propagiert, zu den berühmten eigenen Bedürfnissen, ist agil genug, die Beschränkung, die Selbstbeschränkung des „Mann"-Gefängnisses zu sehen – wie sie Künstlern schon länger ersichtlich war und wie sie jetzt auch vom aufrechten Angestellten oder Jung-Beamten artikuliert werden darf. „Ich wollte das Kind, warum also sollte ich es abtreiben", sagt mir ein junger Freund einer Schwangeren. Der ist einfach ebenfalls schwanger geworden.

Nichts hat sich geändert an den Vorstellungen männlicher Potenz. Sie ist vielleicht erweitert, versehen mit einer zusätzlichen Zartheits- und Geduldsphase zugunsten der Frau, aber sie bleibt für das Leben der Männer unangetastet wichtiger als bei den Frauen, selbst für die spirituell, zölibatär Lebenden, deren Entscheidung zu sexueller Passivität natürlich auch ein Thema ist.

Der Instinkt für ungebärdige Frauen, die nicht durch normale Spielrituale einzuschüchtern sein werden, ist überaus genau ausgebildet und funktioniert gruppen-, flügelübergreifend. Freie Frauen, „die Terror machen", werden im Vor-Vor-Vorfeld hinauskomplementiert, und wenn das nicht funktioniert, wird sehr ungalant und deutlich blockiert. Keine Sperenzchen.

Diejenigen Männer, die bereit sind und dies vielleicht auch noch werbend verkünden, Macht an die Frauen abzugeben, sind nach meiner bisherigen Beobachtung sozial besonders: entweder, weil sie von einigem zu wenig haben, weil sie arbeitslos, krank, depressiv, abhängig oder ähnlich unselbständig sind, oder weil sie mehr von allem haben als der Durchschnitt, mehr Geld, gesicherten familiären Hintergrund, Vermögen, besonders viel Erfolg. Die Mittellage mag es sich nicht leisten, abzugeben, erhält dem Schein nach auch noch genug, um zufrieden zu sein. *So* schlecht geht es ihnen noch nicht.

***

Die Cutterin für das neue Filmprojekt ist ein Cutter. Jogger, Turnschuhe, schwul, mit einer Neigung zum Komischen. Sozusagen ein „neuer Mann". Dem früher verklemmt Zerrigen – Arbeitshierarchie contra Geschlechterhierarchie, Zündstoff genug – ist jetzt die große Gleichmütigkeit gefolgt. Beruf zum Geldverdienen. Wer das Sagen hat, ist hinzunehmen. Das wahre Leben, das wichtige, das wirkliche, spielt sich im sogenannt Privaten ab, mit dem Freund, mit der selbstgewählten Clique. Was „die Feministinnen" so alles fordern und meckern, das ist wirklich deren Problem...

In der Schlußpassage eines Films habe ich eine Dokumentaraufnahme verwendet, an der ich mich voller Traurigkeit doch nicht satt sehen konnte: Auf einem amerikanischen Stützpunkt sollen Atomraketen aufgestellt werden. Junge Bundeswehrsoldaten haben sich als schützende Reihe um das gar nicht martialisch aussehende Waldgelände postiert, die Gesichter nach außen. An ihnen vorbei zieht eine Gruppe protestierender junger Frauen, mit magischen Bemalungen, zu Trommelschlägen, in schaukelndem, links-rechts rhythmisierendem Gang. Beide Reihen sind nur bei sich – sie schauen sich nicht in die Augen, sie haben sich in ihrer körperlichen Anwesenheit gewissermaßen dem politischen Zweck dieses Augenblicks übergeben.

Ein leerer Hochzeitstanz, in dem die Frauen sich in die Ritualisierungen vergangener oder zumindest fremder Kulturen begeben haben und die Männer, in Verkehrung der Wirklichkeit, für das Bewahrende stehen, des Staates: Unbewußte, Schlafende, in ihrer Indifferenz Mißbrauchbare, die aber jederzeit zu schrecklichen Gewaltanwendern erwachen können.

Gesine Strempel

NACH ALTEM MUSTER: DIE NEUEN VÄTER

Plädoyer für radikale Schritte

I

Zugegeben. Ich bin die falsche, über das Thema zu schreiben. Ich kenne überhaupt keine richtigen Väter. Mein Vater war einer, der mich kalt läßt, wenn ich an ihn denke: er ist ein deutscher Mann gewesen, *der* (?) deutsche Mann, gestorben für Führer und Volk. Jedenfalls war er der verantwortungsbewußte deutsche Mann, der erstmal sechs Kinder zeugte, ehe er in den Krieg zog und sich damit für dieses Leben von seiner Frau und den Kindern verabschiedete. Eines war noch ungeboren und kam im März 1945 zur Welt, da war mein Vater schon vermißt.

In der Schule mußten die Kinder den Beruf des Vaters angeben. Unter Prokurist und Dr. jur. konnte ich mir nichts vorstellen, ich sagte immer freundlich – ich war damals schon ein freundlicher Mensch, was ich inzwischen darauf zurückführe, daß ich das Glück hatte, ohne die Machtinstanz Vater aufzuwachsen –, Beruf des Vaters: vermißt. Später dann, Mitte der fünfziger Jahre, er wurde für tot erklärt, wegen der Witwenrente, gab ich als Beruf an: Kriegsgefallener. Das ist für mich väterlich: Kinder in die Welt zu setzen und dann in den Krieg zu ziehen. Was mag in den Köpfen der Väter und dieses Vaters vorgegangen sein?

Diese Frage sei hochnäsig und vor allem ungerecht, sagt mein Liebster, der ein sehr guter Vater ist, leider nicht von meinen Kindern. Warum? Was haben sich diese Männer dabei gedacht, zu allen Zeiten, wenn sie loszogen zu neuen Welten, Kriegen, Kontinenten, Abenteuern? Ich weiß noch genau, wie befremdend und angsteinflößend ich die Geschichte von Max Frisch fand, von einem, der vom Frühstückstisch aufsteht, den er wahrscheinlich nicht mal gedeckt hat, vom Abräumen ganz zu schweigen, vorgibt, Zigaretten holen zu gehen, und verschwindet, um erst Jahre später wiederzukehren. Eine menschenverachtende Geschichte, die sollte man sich mal umgekehrt vorstellen. Die armen Kinder. Aber diese Geschichte hat viel Phantasie beflügelt, taucht in Gesprächen immer wieder auf, scheint Männer zu inspirieren. Vielleicht ist die Bereitwilligkeit, wegzugehen, ein unbewußtes oder höher bewußtes Anpassen an die Urgesellschaft, wo die Vaterschaft, die Beteiligung des Mannes an der Menschwerdung, unbekannt war und die Männer es ganz normal fanden, daß kleine Menschen da waren, wenn sie von der Jagd oder sonstwoher wieder nach Hause kamen. Wenn sie wiederkamen.

Jedenfalls wuchs ich mit Frauen auf, wie viele Kinder vor mir und nach mir, mit meinen Schwestern, meiner Mutter, Tanten. Aber die Abwesenheit des Vaters war keine Errungenschaft, meine Mutter stellte sie als Mangel dar. Sie war es, die uns Mädchen – mir jedenfalls bestimmt – bewundernswert nachhaltig beibrachte, daß Männer etwas ganz Besonderes seien, anders und vor allem besser als Frauen.

Das alles ist nun vierzig Jahre her, aber ich denke, es ist wichtig, zurückzugehen in die Anfänge meiner persönlichen Väterfremdelei. Zurück in die unmittelbare Nachkriegszeit, in der die Frauen millionenfach allein für kleine Kinder – und damals hatten die Frauen ja selten nur ein Kind, sondern mehrere –, für alte Eltern und die kranken, kriegsbeschädigten – wie sich das schon anhört – und kaputten Männer sorgten (Pflegefall Soldat und Vater). In beengtesten Wohnverhältnissen, selten ein eigenes Bett für jedes Kind, selten passende Schuhe für die wachsenden Kinderfüße. Meine Mutter war sehr erfindungsreich, sie schnitt vorn an den Schuhen die Kappen ab, damit die Zehen Platz hatten.

Ist es nicht bemerkenswert, daß die Söhne dieser Aktivistinnen, die derzeit ja die Regierung der Fünfzig- und Sechzigjährigen in Bonn bilden, ihren Müttern den Rentenzuschlag verweigern für die Arbeit mit Kindern und für die Gesellschaft, die sie geleistet haben – denn diese frecherweise als Trümmerfrauen betitelten Mütter werden alle vor 1920 geboren sein, und genau ihnen verweigert Sohni die Anrechnung der Jahre der Kindererziehung auf die Rente. Die Kinder, die sie allein versorgen mußten, haben sehr viele Frauen mit Sicherheit daran gehindert, verantwortungsvolle, qualifizierte Berufe zu ergreifen oder aufzusteigen. Sie waren immer gezwungen, Kinderversorgung und bezahlte Arbeit außer Haus, so gut es eben ging, miteinander zu vereinbaren. Hohe Rentenansprüche ließen sich in den meisten Fällen schon deshalb nicht erarbeiten.

Meine Mutter hat mir übrigens noch eine weitere inhaltsschwere Botschaft mit auf den Weg gegeben, und Untersuchungen zeigen, daß diese Botschaft an die Töchter typisch war für die Kriegerwitwen nach 1945: Frauen brauchten unbedingt einen Beruf, und zu einem erfüllten Frauenleben gehörten Ehe und Kinder. Über die Pflichten eines Vaters in dieser Familie wurde bei uns allerdings nie gesprochen. Nur über die Rechte. „Wenn euer Vater noch lebte, hier wäre, das wüßte", und so weiter. Irgendwann formulierte meine Mutter für sich den Anspruch, sie müsse uns Vater und Mutter zugleich sein, womit üble Irrtümer in der Erziehung, soweit sie überhaupt Zeit hatte, uns zu erziehen, gerechtfertigt werden konnten. In den fünfziger Jahren herrschte zwischen ihr und den Töchtern Krieg, heute bewundere ich sie, aber die Väterdebatte haben wir nie geführt. Ihre Auseinandersetzung mit dem eigenen Mann- und Vaterbild und dem der Töchter wird, wenn überhaupt, darin bestehen, daß sie sehen muß, daß ihre Töchter, auch wenn sie nicht verwitwet sind und soweit sie Kinder haben, mehr arbeiten als die Väter dieser Kinder, die Schwiegersöhne. Für die Familie dazusein heißt, nicht nur für die Kinder dazusein, sondern auch für den Vater. Motto: Papi muß sich ausruhen.

Das Bild, das sie uns Töchtern vermittelte, bekommt sie nun brav vorgeführt. Ich habe es sogar geschafft, mir einen geradezu absurd verantwortungslosen Mann zum Vater meines Sohnes auszusuchen. Im Kino würde man einen solchen Mann als etwas zu platt gezeichnet kritisieren.

II

„Ich bin stolz auf meinen Vater.“ David Strempel, 1987.

Das wirkliche Übel mit dem ersten Vater, den ich näher kannte, begann damit, daß wir heirateten und unser gemeinsames Kind seinen Namen bekam. Das Recht des Vaters, dokumentiert bereits im Namen. Mein Sohn heißt nicht wie ich, obwohl ich es bin, die für ihn sorgt seit siebzehn Jahren, wobei ich wirklich sehr viel gelernt habe. Er trägt den Namen des Vaters, auch wenn dieser sich seit Jahren nur ab und an um seinen Sohn kümmert. Unterhalt zahlt er überhaupt nicht, obwohl er gesetzlich dazu verpflichtet ist, womit er wiederum voll im Trend der neuen Väterlichkeit liegt, denn er gehört zu den 50 % der unterhaltspflichtigen Väter in der Bundesrepublik der späten achtziger Jahre, die keinen Unterhalt für ihre Kinder zahlen. Wobei ihm und seinen Kollegen ein Geniestreich gelingt, dessen Anerkennung nur auf eines schließen läßt: auf eine skandalös mütterfeindliche Gesellschaft, in der Väter die besseren Menschen sind, das

Größte eben, wie meine alleinerziehende Kriegerwitwenmutter schon sagte. Es gelingt ihm, ohne jede persönliche Verantwortung für seinen Sohn, den Status als Vater zu erhalten. Was sich seit Januar 1987 auch auf der Lohnsteuerkarte niederschlägt.

Wider besseres Wissen geht die Steuerreform davon aus, daß Väter anstandslos die Alimente zahlen, deshalb wird den sorgeberechtigten Frauen auf der Lohnsteuerkarte nur der halbe Kinderfreibetrag zugestanden, den Rest müssen sie sich beim Lohnsteuerjahresausgleich zurückholen. Der Staat bereichert sich in Millionenhöhe an den Müttern.

Und damit bin ich endlich da, wo die Debatte um die neuen Väter hingehört, beim Geld. Daß Gleichberechtigung immer nur Gleichverpflichtung heißen kann und daß es unsere Aufgabe sei, diese Selbstverständlichkeit im Zuge der neuen Frauenbewegung endlich auch als Mütter und Väter mit Inhalt zu füllen, das war die leichtsinnige, weil gutgläubige Voraussetzung, unter der sich überhaupt nur das entwickeln konnte, was oft als neue Mütterlichkeit bespöttelt wird. Inzwischen ertrinken auch diese Mütter im Alltag mit Kind und müssen sich selbst immer zurufen: nur Mut(ter). Und die Versprechungen der neuen Väter entpuppen sich als Lug und Betrug, genauso platt, aber folgenschwer, wie sich diese beiden Worte lesen.

Ich bin heilfroh, daß ich mit diesen neuen Vätern nichts zu tun habe, die ideell und finanziell die Gefährtinnen vergangener Tage abzocken und mühelos von einer Gesellschaft profitieren, die sich in ihrer Kultur und dem, was Zeitgeist genannt wird, abgesegnet durch diverse Gestalt- und andere Therapien, weiterhin einen kollektiven Mutterhaß leistet.

Die guten Väter:

Väter gelten praktisch in jeder Form von Vaterschaft, für die sie sich entscheiden, als gute Väter – ob Feierabendvater, Wochenendonkel oder täglich etwas stärker beteiligter Vater. In Vätern, die häufiger mit den Kindern angetroffen werden, sieht man sofort Pioniere und Modellväter – und blickt scheel auf die Mütter, die offensichtlich ihrer Aufgabe nicht gerecht werden. Jeder Vater gilt als ein guter Vater, solange nicht das Gegenteil belegt ist – und selbst dann billigt ihm der Zeitgeist viele Entschuldigungen zu, wie der laxe Umgang mit sexuellem Mißbrauch von Töchtern und Stieftöchtern zeigt.
Mütter werden dagegen fast immer kritisch beurteilt; in ihrer Nähe zum Kind sind Fehler unvermeidlich – und gerade diese, nicht aber ihre Kompetenzen, werden von der mütterfeindlichen Theorie dieses Jahrhunderts stets exakt vermerkt. Mütter leben in einer klassischen no-win-Situation: sind sie stark kindorientiert, so „übermuttern" sie ihre Kinder, gehen sie aber einen Weg, der mehr Distanz zum Kind schafft, so gelten sie tendenziell als Rabenmutter.

Gisela Anna Erler

III

„Die Mutter erhält das Sorgerecht für das gemeinsame Kind." Aus dem Scheidungsurteil Strempel gegen Strempel, 1975.

Als ich vor 12 Jahren geschieden wurde, war ich ängstlich und glücklich zugleich. Ich hatte keinen Beruf, aber eine Wohnung. Ich hatte das Kind und bekam keinen Unterhalt, weil ich noch nach dem Schuldprinzip geschieden wurde und deshalb auf die Drohung des Vaters, der gerade eine Erbschaft gemacht hatte, reingefallen war, mir das Sorgerecht für das Kind wegnehmen zu lassen. Alles, nur das nicht, und so verzichtete ich auf den Unterhaltsanspruch für mich. Mein einziges festes Einkommen waren dann die 350 Mark Unterhalt, die er in den ersten fünf Jahren nach der Scheidung noch pünktlich per Dauerauftrag zahlte.

Ein sittenwidriges Urteil, würde ich heute sagen. Aber Frauen, die aufbegehren, wurden 1975 noch bestraft. Gerechtigkeit muß(te) sein. Inzwischen weiß ich übrigens von vielen Frauen, daß die erste Reaktion auf die von ihnen begehrte Scheidung sehr oft genau die Drohung war, ihr die Kinder wegzunehmen. Eine Freundin hat nach dieser Drohung für mehrere Stunden die Wohnung verlassen und dann, als sie wiederkam, dem Mann gesagt, sie sei einverstanden, er könne die Kinder behalten, sie wolle sich trotzdem unbedingt scheiden lassen. Von Stund an sei von Kinderwegnehmen nicht mehr die Rede gewesen.

Angesichts der vielen Fälle, in denen Frauen und Kinder nach der Scheidung finanziell viel schlechter dastehen als vorher, manche buchstäblich vor dem Nichts, müßte man sich das Maul darüber zerreißen, wie sehr die Gesellschaft damit beschäftigt ist, die einzelnen Fälle hochzuspielen, in denen Männer unberechtigt viel Unterhalt für die Kinder zahlen oder gemeinerweise ihre Kinder nicht sehen dürfen. In der Regel ist es genau andersherum. Neulich las ich ein interessantes Urteil. Ein Gericht verdonnerte einen Sohn, Unterhalt für den Vater zu zahlen, der Sozialhilfeempfänger war. Der Sohn war empört und konnte nachweisen, daß der Vater für ihn nie Unterhalt bezahlt hatte. Der Staat ließ von seinen Forderungen an den Sohn ab.

Wie kommt es, daß so viele der geschiedenen Väter so wenig Selbstachtung haben, so wenig Liebe, daß sie sich die Pfennige aus der Nase ziehen lassen? Hier leistet der Staat Vorschub, indem er Kinder, sind sie erst einmal vom Zustand des ungeborenen Lebens in den des geborenen avanciert, zur Privatsache deklariert, solange man die Kinder nicht totschlägt. Für Kinder kommen die Eltern allemal immer noch privat auf, die 50 Mark Kindergeld für ein Kind, die minimalen Steuererleichterungen sind lächerlich unangemessen, gemessen an dem, was ein Kind kostet. Die Eltern sind ihr Leben lang verpflichtet, für die Kinder zu sorgen, und wenn die Väter sich dem entzogen haben, sind es die Mütter.

Dem Staat ist die bestehende Ehe am liebsten, denn ehe das erwachsene Kind Sozialhilfe bekommt, wendet sich der Staat erst einmal an die Eltern, und da Mütter in der Regel weniger verdienen als Väter, hält er sich an den Vater. Der Vater allerdings, besonders der Vater kleiner Kinder – der neue Vater ist es ja, der mich hier beschäftigt –, will was sehen für sein Geld, vor allem dann, wenn er geschieden wird und Unterhalt zahlen soll. Heute würde ich jeder Frau raten, die Drohung, ihr das Sorgerecht für die Kinder wegnehmen zu lassen, bitter ernst zu nehmen.

IV

„Gebt den Kindern das Kommando..." Herbert Grönemeyer, 1986.

Neueres wohlbekanntes Zitat für den alten Mütterhaß.

Gern, dachte ich, als ich das Lied hörte. Hoffentlich waschen die lieben Kleinen auch ihre Windeln selber, kaufen ihren Pudding ein, machen die Schularbeiten ordentlich, räumen ihre Klamotten weg, beschäftigen sich selber, bringen sich selber zu Bett, trösten sich gegenseitig, wenn sie hinfallen, und so weiter. Die Mütter könnten doch endlich mal einen klaren Gedanken fassen, ungestört telefonieren, einen Satz zu Ende sprechen, ohne unterbrochen zu werden von einem Herzenskind, das nicht müde wird, seine Ansprüche quäkend zu bekunden, sie könnten allein aufs Klo gehen, nachts einen Traum ungestört zu Ende träumen. Aber das Lied dudelt, und die Mütter ackern auf Kommando. Und die Väter? Die Väter machen sich breit. Und das geht so.

Ausgestattet mit dem Recht auf ihrer Seite, dem Steuerrecht, den Sorgerechtsentscheidungen der Familiengerichte, dem Unterhaltsrecht, einem Machtzuwachs, der den hohlen Vaterstatus zementiert, vakuumverpackt, und keiner piekt hinein, versuchen sie, mit Hilfe von Freundinnen, neuen Ehefrauen, den eigenen Müttern oder gut bezahlten Haushälterinnen, die besseren Mütter zu sein. Auch mir ist zu Ohren gekommen, daß es Väter gibt, die ihre Kinder ganz allein erziehen und von ihrer Umgebung unglaublich viel Hochachtung dafür bekommen, daß sie das tun, was für Millionen alleinstehender Frauen die Regel ist: 2,7 % der Kinder unter drei Jahren werden von alleinstehenden Vätern betreut.

Es geht nicht um die feuilletonistisch waidgerecht ausgeschlachteten Väter, die ihren Anteil an der Hausarbeit übernehmen und es geschafft haben, eine starke und zuverlässige Bindung zu ihrem Kind aufzubauen. Einen kenne ich sogar, der pünktlich zahlt für die erwachsenen Kinder und die geschiedene Ehefrau, ihr privat eine Rente zahlt fur 20 Jahre Ehe und Kindererziehung, ein Betrag, zu dem der Staat ihn verdonnert hat. Vordergründig als Strafe für die Scheidung, genau betrachtet aber, damit die Ehefrau und Mutter, die zwanzig Jahre lang lohnlos seine Haushälterin war und als unbezahlte Ehefrau auch deswegen nichts zum Bruttosozialprodukt beitragen konnte, im Rahmen der Versorgungsehe seine Arbeitskraft wiederherstellte und die gemeinsamen Kinder erzog und deshalb, ich wiederhole, auch keinen eigenen, von der Leistung des Ehemannes unabhängigen Rentenanspruch erwerben konnte, bloß nicht dem Staat auf der

Tasche liegt. Obwohl es die Gesellschaft ist, also der Staat, der von den wohlgeratenen Kindern dieser Familie profitiert. Diese Frau ist übrigens privilegiert. Denn nur knapp ein Drittel Frauen bekommt nach der Scheidung überhaupt noch Unterhalt. Es ist Mode geworden, Frauen, die nach der Scheidung Unterhalt für sich bekommen, als Ausbeuterinnen der armen geschiedenen Ehemänner darzustellen, was sich gut einfügt in das väterfreundliche und mütterfeindliche Milieu hierzulande, das zum Himmel stinkt.

Es geht also nicht um ein bißchen mehr Abwasch, ein bißchen mehr Halbtagsarbeit, ein bißchen mehr Zuverlässigkeit, wenn wir an die neuen Väter denken. Es geht ausschließlich um Macht und um Geld. Tatsache ist, daß im Zeitalter der neuen Väter die Mütter wieder um ihre Kinder bangen müssen, so wie noch vor hundert Jahren, als die Mütter kein Besitzrecht an ihren Kindern hatten, was typisch ist für eine patriarchale Gesellschaft. Wenn in der öffentlichen Diskussion die Rolle der Väter für die Erziehung der Kinder so hervorgehoben wird wie jetzt, sollten die Mütter hellwach werden, denn sie leben mit ihren Kindern weiterhin in einer vaterrechtlich orientierten Gesellschaft, was immer auch mit Kontrolle und Besitz und Strafe bei Vergehen an Hab und Gut zu tun hat.

Wenn schon die Frauen nicht mehr der Besitz sind, die Kinder sind es allemal. Vater will sehen und um sich haben, wofür er blechen muß, sonst kann er das Geld ja gleich zum Fenster rauswerfen. Außerdem sind Kinder teuer, und selbst der Männerlohn reicht nicht für zwei Haushalte, zwei Frauen mit Kindern. Deswegen ist es profitabler, der abgelegten Ehefrau die Kinder wegzunehmen und sie in den neuen Haushalt zu integrieren. Es ist billiger, eine Haushälterin zu bezahlen oder wieder zu heiraten, als einer geschiedenen Ehefrau mit zwei kleinen Kindern nach der Düsseldorfer Tabelle den angemessenen Unterhalt zu zahlen.

Tabelle I: Unterhaltsansprüche von Ehegatten und Kindern (Düsseldorfer Tabelle)

1. Ehegattenunterhalt

a) aus „Hausfrauenehe“
1/7 des anrechnungsfähigen Nettoeinkommens des Unterhaltspflichtigen (= Bruttoeinkommen abz. Steuern und Vorsorgeaufwendungen, ggf. abzugsfähiger (gemeinsamer) Schulden, inkl. Urlaubs- und Weihnachtsgeld, Überstundenvergütung etc.)
– untere Grenze: Selbstbehalt; „klein“ (= notwendig) ca. 900 DM, „groß“ (= hinreichend) ca. 1 200 DM (inkl. Wohnanteil 300 bzw. 450 DM)
– Sättigungsgrenze oben: ca. 3 500 – 5 000 DM
ggf. Anrechnung von zusätzlichem Arbeitseinkommen und „fiktivem Entgelt“

b) „Doppelverdienerehe“ (Unterhaltsberechtigter hat Arbeitslohn, Rente, Zinsen)
1/7 des Unterschiedsbetrags der anrechnungsfähigen Nettoeinkommen beider Ehegatten, wenn das des Unterhaltspflichtigen höher ist.

c) aus „Rentnerehe“
in der Regel 50 %

2. Kindesunterhalt

Altersstufe	bis 7	bis 13	bis 18
nichtehelich	228 DM	276 DM	327 DM
ehelich (Nettoeinkommen bis)			
1 850	228 DM	276 DM	327 DM
1 850 – 2 100	240 DM	290 DM	345 DM
–			
–			
–			
4 800 – 5 800	480 DM	580 DM	685 DM
5 800 – 7 000	545 DM	660 DM	785 DM
über 7 000	nach den Umständen des Falls		

Kinder ab 18, die sich noch in der Ausbildung befinden, erhalten, wenn sie im Haushalt der Eltern oder eines Elternteils leben, einen Zuschlag in Höhe der Differenz zwischen der 2. und 3. Altersgruppe; Kinder mit eigenem Haushalt bzw. studierende Kinder bekommen in der Regel 800 DM im Monat.

aus: von Münch, *Die Scheidung nach neuem Recht*, München 1986, Anhang

Grundsätzlich muß der Vater erst einmal beweisen können, daß er seine Kinder unabhängig von der Mutter der Kinder versorgen kann. In Sorgerechtsprozessen bleibt dem neuen Vater deshalb nichts weiter übrig, als die Ersatzmutter zu präsentieren, wobei deutlich wird, das die Mutter-Kind-Beziehung beliebig zu sein scheint. Hauptsache, irgendeine übernimmt glaubhaft die Rolle. Die finanzielle Überlegenheit des Vaters kommt ihm bei Sorgerechtsprozessen zu Hilfe, denn die Armut der Mütter, die eine lange Geschichte hat, bringt ja immer mehr Mütter mit kleinen Kindern nach der Scheidung auf den direkten Weg zur Sozialhilfe. Sie sind verwundbar, wollen die Kinder auf diesen Weg nicht mitnehmen und lassen sich zwingen, die Kinder herzugeben.

Die Begründungen, mit denen ihr das Sorgerecht geraubt werden soll, um es dem finanzkräftigen Vater zu geben, sind haarsträubend. Der Kampf um das Kind, der vor den Familiengerichten tobt, zeigt, daß Mütter weiterhin nur Pflichten haben, keine Rechte. Ein Grundrecht, verankert im Grundgesetz, wäre zum Beispiel, das Recht des Vaters auf ein Kind nicht gleichzusetzen mit dem Recht der Mutter. Sie ist es, die das Kind geboren hat, und sie hat ein unveräußerliches Recht auf das Kind – und jedes Kind hat ein unveräußerliches Recht auf die Mutter. Und die Väter, die jetzt wieder häufiger versuchen, ihr dieses Recht, das so ja nirgendwo gesetzlich festgelegt ist, auf Grund ihrer finanziellen Möglichkeiten streitig zu machen, müßten nachweisen, daß sie *persönlich* – und nicht durch eine Hilfskraft – dauerhaft und zuverlässig die Verantwortung für das Kind übernehmen. Dann könnte darüber verhandelt werden, das Sorgerecht mit der Mutter zu teilen.

In den nächsten Jahren ist eine Regelung in die „richtige Richtung" ganz unwahrscheinlich, und so werden sich die Auseinandersetzungen um das Sorgerecht für die Kinder verschärfen. Ein günstiger Ausgang für die Mütter im Kampf gegen die neuen Väter um das Sorgerecht ist nicht in Sicht. Im Gegenteil, angesichts der wachsenden Arbeitslosigkeit, von der die Frauen ja bekanntlich besonders betroffen sind, und des immer noch geringeren Einkommens, wenn sie bezahlte Arbeit haben sollten, werden die Mütter immer mehr an den Rand der Armut gedrängt werden. Und deshalb würde ich, wenn ich heute ein Kind bekäme, auf die neuen Väter pfeifen, am besten gar nicht den Vater angeben. Auch wenn der Staat inzwischen hier droht, den infragekommenden Herren zwangsweise das Blut abnehmen zu lassen, um die Vaterschaft zu klären – angeblich, weil das Kind ein Recht auf den Vater hat, in Wirklichkeit aber, um der Mutter nicht immer Sozialhilfe zahlen zu müssen, sondern sich an den Vater halten zu können. Letzten Meldungen zufolge ist dies ein sehr gefährlicher Weg, weil die derzeitige Regierungskoalition plant, die Rechte des außerehelichen Vaters zu stärken.

Schwacher Abgang:
„Ich bin ein Arbeitstier. Aber meine Kinder
wissen zumindest, daß sie einen Vater haben."
Vater: Conrad Felixmüller, 34, Frauenarzt
Kinder: Anna, 6, und Kim, 1 1/2
aus „Tempo", 3/87

Ich würde meine Energien darauf richten, eine Regelung durchzusetzen, die meine Position als Mutter stärkt, gerade wegen der miesen Arbeitsmarktlage für Frauen im allgemeinen und Mütter kleinerer Kinder im Besonderen. Ich würde auf einer angemessenen staatlichen Unterhaltszahlung für Mütter mit Kindern bestehen. Immerhin müßte die Pflege und Erziehung der kleinen Elternlosen, die in der Retorte geboren werden könnten, ja auch bezahlt werden. Angemessen hieße, ausgerechnet vom Statistischen Landesamt Baden-Württemberg: für eine Frau mit zwei Kindern 3 203 Mark im Monat, wobei dieser Rechnung nur acht Stunden und neun Minuten täglich zu Grunde liegen. Ein kleiner Scherz, diese Stundenzahl, wie Mütter wissen. Jedenfalls könnte sie sich von diesem Lohn glatt noch einen Vater leisten.

Im Zeitalter des Wassermanns und der neuen Väter bin ich für die radikalen Schritte, bevor die Welt zusammenbricht. Wenn Väter überhaupt ein Recht an ihren Kindern haben wollen, müssen sie einen Vertrag unterzeichnen, der sie verpflichtet, sobald sie Väter werden, halbtags zu arbeiten, den Erziehungsurlaub wahrzunehmen, eine Vaterschutzfrist in Anspruch zu nehmen, um sich um die Schwangere und den Haushalt richtig kümmern zu können. Bei diesem Vertrag geht es nicht um eine Kann-Entscheidung, sondern um Zwang. Wohlgemerkt, ich spreche von einem Vertrag, den Väter unterzeichnen müssen, wenn sie Rechte an ihren Kindern anmelden wollen, zum Beispiel das Recht auf ein geteiltes Sorgerecht. Erst dann kann von Partnerschaft gesprochen werden, denn Partner müssen immer gleichstark sein, sonst sind es keine Partner. Jede Kette ist so stark wie das schwächste Glied, laber, laber, deswegen kann ich das Parteiengequatsche von der Partnerschaft zwischen Frauen und Männern – die es derzeit überhaupt nicht geben kann, aufgrund der Verhältnisse, siehe oben – überhaupt nicht leiden. Erst durch die Gleichverpflichtung wäre Gleichberechtigung möglich.

Und dann, wenn es soweit ist, sage ich: Wie liegt und liebt es sich nun? Vielleicht auch: Hut ab vor dem kleinen Mann! Und noch später, wenn nicht eine Rebellion der VNV, der Vereinigten Neuen Väter, diese Revolution wieder rückgängig gemacht hat: Hallo, Vater!

Quellen:

Gisela Anna Erler: „Die Barbarei der Bitterkeit. Polemik gegen die Rückkehr des väterlichen Sorgerechts." Freibeuter 29, Nov. 1986, Berlin 1986.

Andreas Hoff: „Die ‚neuen Männer': wie sie vom Medienereignis zur Realität werden könnten." Freibeuter 29, a.a.O.

Michael Hopp: „Auf der Suche nach der verlorenen Autorität." Tempo, März 1987, Hamburg 1987.

Klaus Leggewie: „Praktische Anleitung zur Scheidung." Kursbuch 87, März 1987, Berlin 1987.

Sigrid Metz-Göckel: „Von der ‚fürsorglichen Vormundschaft' zur Selbstbestimmung der Frauen. Was bedeutet Emanzipation, Entwicklungen und Wandlungen seit 1949." Vortrag beim „Ersten Saarbrücker Dialog" in der Saarlandhalle Saarbrücken. Dokumentation der Frankfurter Rundschau Nr. 273 vom 25. Nov. 86, S. 10.

Einstellungen zu Ehe und Familie im Wandel der Zeit. Eine Repräsentativuntersuchung im Auftrag des Landes Baden-Württemberg, Ministerium für Arbeit, Gesundheit, Familie und Sozialordnung (auch hersg.), durchgeführt von Renate Köcher, Institut für Demoskopie Allensbach, Stuttgart 1985.

Frauen antworten

Erika Wisselinck

DAS GEHEIMNIS DER POPULATION X

Ergebnisse einer Expedition

Das Raumschiff hatte den Blauen Planeten wieder verlassen. Das wissenschaftliche Team an Bord war ziemlich frustriert: Ihre aufgrund der Ergebnisse von ferngesteuerten Atmosphäre- und Bodenanalysen hochgespannten Erwartungen hatten sich nicht erfüllt. Statt einer interessanten Zivilisation von hochentwickelten intelligenten Lebewesen hatten sie nur öden verkarsteten Grund und streckenweise wenigstens mit struppigem Gras bewachsene Landstriche gefunden. Keine Pflanzen- und Tiervielfalt, keine Lebewesen, die in irgendeiner Form das Kriterium instrumentelle Intelligenz erfüllt hätten. Im Steppengras hielten sich lediglich unterschiedliche sechsbeinige Kleinstlebewesen auf, geflügelte und ungeflügelte. Die weiten Wasserflächen waren ohne jedes Leben, nur bei Tiefsttauchungen hatten sie einige mikroskopisch kleine Organismen heraufgebracht. Und an ganz wenigen Stellen der Steppe, wo sich unter dem Grasbewuchs geringfügige, aber dennoch auffällige Bodenunebenheiten zeigten, fanden sich etwas größere vierbeinige Tiere, mit spitzen Schnauzen und unglaublich schnellen huschenden Bewegungen, die bei Annäherung stets pfeilschnell in dunklen Gängen oder Höhlen verschwanden. Die Forscher gaben ihnen den Namen „Schattentiere".

Das Team hatte natürlich gewissenhaft, aber ohne große Begeisterung, von allem – Tiere, Bewuchs, Boden –

Proben genommen und hatte auch an seinem festen Standort – einer Steppenebene in der Nähe eines mächtigen felsigen und verkarsteten Gebirgsgebiets – Tiefengrabungen eingeleitet. Sie waren dabei auf Steinblöcke und Metallstücke gestoßen, die bearbeitet zu sein schienen, ob lediglich mit einfacher Mechanik oder durch ein höher entwickeltes maschinelles oder chemisches Verfahren, würde sich erst im Labor daheim in der fernen Galaxie erweisen. Alles in allem also kein aufregendes Ergebnis – nur Sargossa, Soziologin und Psychologin, vor allem aber Expertin für Hieroglyphen, war zufrieden. Es hatte einen einzigen außergewöhnlichen Fund gegeben: Bei den Ausgrabungen war ein mit Hieroglyphen bedecktes Stück dünnen weißen Materials zum Vorschein gekommen, das – offenbar mit größter Wucht – zwischen zwei Scheiben durchsichtigen Metalls gepreßt worden war und so, also förmlich luftdicht eingeschweißt und dem Licht entzogen, die Zeiten überdauert hatte.

Sargossa sah interessante Arbeitsjahre vor sich. Zwei Jahre würde sie etwa brauchen, bis mit den ihr zur Verfügung stehenden hochentwickelten Methoden der Inhalt des Textes aufgeschlüsselt sein würde. Danach rechnete sie nochmals zwei Jahre im Team, um alle Aspekte des Textes zu analysieren. Im Gegensatz zu den Fundstücken aus Metall und Stein, aus denen möglicherweise der technische Entwicklungsstand einer untergegangenen Zivilisation abzulesen war, konnte der Text unter Umständen nähere Auskunft über die damals existierenden intelligenten Lebewesen und ihre Beziehungen untereinander geben. Sargossa sah mit Ungeduld der Ankunft auf ihrem Heimatplaneten entgegen, es brannte ihr unter den Nägeln, mit der Entschlüsselungsarbeit zu beginnen.

Nach vier Jahren war der Bericht des Teams „Blaue-Planet-Forschung“ fertig. Auf jedem Gebiet waren umfangreiche Ergebnisprotokolle erstellt worden, allein Sargossas Bericht über die Hieroglyphen-Entschlüsselung umfaßte 2 000 Seiten, die Textanalyse nach diversen Gesichtspunkten beanspruchte 4 000 Seiten. Dazu gab es eine kurzgefaßte allgemeinverständliche Synopse der Ergebnisse. Hier das von Sargossa verfaßte Kapitel aus dieser Synopse:

„Das uns vorliegende mit Hieroglyphen bedeckte Blatt ist an den Rändern leider stark zerstört. Wir haben uns daher bei unserer Analyse auf einen in der Mitte befindlichen zusammenhängenden vollständig erhaltenen Textteil beschränkt. Es handelt sich hier um einen Bericht über in der verschollenen Zivilisation herrschende Verhältnisse. Offenbar haben wir es mit einem Informationsdienst, vielleicht mit einer amtlichen Verlautbarung zu tun. Auf jeden Fall ist der Text wohl nicht für einen bestimmten Adressaten bestimmt. Aus den am oberen Rand erhaltenen Hieroglyphen ‚Sü.deu.sch...ei..ng.MÜ.. HEN' konnten wir leider keinerlei Aufschluß über die Art der Veröffentlichung gewinnen. Der von uns untersuchte Text lautet folgendermaßen, hier zunächst in Originalhieroglyphen, dann in unserer Übertragung:

Tiefgaragen und Parkhäuser sollen ihre Schrecken verlieren

Mit Licht und Farben gegen das Dunkel

Ein Bündel von Maßnahmen, damit sich nicht nur Frauen vor Überfällen und Belästigungen sicherer fühlen

Triste, schmutzige Betonarchitektur und viele dunkle Ecken: Man muß wirklich kein ausgesprochener Angsthase sein, wenn man sich in Tiefgaragen oder Parkhäusern manchmal äußerst unbehaglich fühlt. Da vor allem immer mehr Frauen ihre Abneigung mitteilen, solche Örtlichkeiten anzusteuern, macht sich die Stadt intensive Gedanken über eine Veränderung der Situation. Mit einer Reihe baulicher Verbesserungen sollen die ungeliebten Parkplätze freundlicher und sicherer gestaltet werden.

Wie sicher oder unsicher sind eigentlich die Tiefgaragen und Parkhäuser in München? Das städtische Baureferat hat diese Fragen mit anderen Dienststellen, der Polizei und der Frauengleichstellungsstelle eingehend erörtert. Das Ergebnis ist wenig aufschlußreich. Es gibt weder Unterlagen über den Sicherheitszustand von Parkhäusern noch fundierte Kenntnisse über eine besondere Gefährdung von Frauen in Tiefgaragen. Ein Gutachten soll deswegen jetzt systematisch die Ursachen der Angst oder Abneigung von Frauen, diese Art von Abstellplätzen anzufahren, auf den Grund gehen.

Bis das Expertenteam aus Psycholog/inn/en und Kriminolog/inn/en jedoch ihre Resultate vorlegen können, wird noch einige Zeit vergehen. Inzwischen werden neue Tiefgaragen geplant, z. B. in der Haidhauser Kellerstraße oder bei der Alten Pinakothek.

Die Stadtratsmitglieder Horst Haffner (FDP) und Elisabeth Schlosser (CSU) hatten die Verwaltung aufgefordert, sich möglichst umgehend mit freundlichen und sicheren Garagen zu beschäftigen. Gestern wurde dem Bauausschuß wenigstens ein vorläufiges Konzept vorgestellt. Dabei geht es vor allem um eine hellere Ausleuchtung der Anlagen, um sympathische Farben an den Wänden und um eine besonders übersichtliche Konstruktion des jeweiligen Bauwerks. Das heißt, tote Winkel und dunkle Ecken oder Zwischenwände sollen verschwinden. Das Kontrollsystem an den Eingängen muß nach Ansicht der Fachleute verbessert werden.

Als „besonders sicher" wird von der Stadt die Tiefgarage vor der Oper angesehen. Wie die Betreiberfirma berichtet, fahren hierher Frauen besonders gern. Seit fast fünfundzwanzig Jahren sei kein Überfall und keine einzige Belästigung einer Frau bekanntgeworden. Die Garage sei gut beleuchtet und verfüge über moderne Schranken-, Ampel- und Steuerungsanlagen.

Ein Sofortmittel zur Gefahrenvorbeugung wird immer wieder genannt: Gesonderte „Frauen-Parkplätze" in der Nähe der Zufahrten. Dies sei zwar hilfreich, aber auch gleichzeitig sehr schwierig durchsetzbar, heißt es dazu bei der Verwaltung. Die Stadt Aachen hat versuchsweise in den von ihr betriebenen Parkhäusern die zwei obersten Geschosse nur für Frauen reservieren lassen. Große Umbaukosten sind dabei nicht angefallen, die Autofahrerinnen haben das Experiment begrüßt. Doch die ersten Erfahrungsberichte der Aachener Stadtverwaltung zeigen auch, daß die reservierten Parkplätze oft rücksichtslos von den Autos der Männer verstellt werden.

Auch in Stuttgart läuft ein Projekt, bei dem Frauen besondere Einstellplätze angeboten werden, und in München können Frauen seit kurzem in der Gasteig-Tiefgarage gleich in der Nähe der Einfahrt parken. Ob das schlechte Image der Parkhäuser und Tiefgaragen damit entscheidend aufgebessert worden ist, läßt sich nach dem derzeitigen Erkenntnisstand allerdings noch nicht abschließend beantworten.

Allgemeine Analyse

In diesem Text geht es um Angst und Sicherheit, zwei Bereiche, aus deren Behandlung gewöhnlich interessante Rückschlüsse auf das Gemeinschaftsleben und die sozialen Zusammenhänge in einer Gesellschaft höher entwickelter Lebewesen zu ziehen sind. Der uns hier vorliegende Text enttäuscht jedoch in dieser Beziehung. Er gibt viele Rätsel auf, bietet wenig klar interpretierbare Information.

Die Situation, die hier beschrieben wird, kann so gedeutet werden: Lebewesen, die im Text mehrfach als „Frauen" bezeichnet werden (wir übernehmen ab hier diesen Terminus), suchen mit Schutzvorrichtungen versehen (ein rüstungsartiges Gehäuse? vielleicht gar ein kraftgetriebenes Fahrzeug?) bestimmte, hier als *Tiefgaragen* oder *Parkhäuser* bezeichnete Örtlichkeiten auf – offenbar komplizierte mehrstöckige oder unter die Oberfläche versenkte Baulichkeiten –, entledigen sich dort ihres Schutzes und sind nun bestimmten Gefährdungen ausgesetzt. Der Text berichtet darüber, wie diesen Gefährdungen begegnet werden soll.

Um unserem Forschungsziel, nämlich der Sammlung und Interpretation von Informationen über psycho-soziale Zusammenhänge in dieser verschollenen Gesellschaft, näherzukommen, war hier zunächst die Frage zu stellen, welcher Art diese Ängste und Gefährdungen gewesen sein mögen. Dies geschah in mehreren hypothetischen Schritten.

1. *Geisterhypothese*

Auf den ersten Blick erweckt der Text den Eindruck, als habe es sich bei den Frauen um besonders furchtsame Geschöpfe gehandelt, vielleicht auch um solche, die – wie wir es aus primitiven Gesellschaften anderer Planeten kennen – dunkle Ecken oder Dunkelheit generell als von bösen Geistern bewohnt ansehen und deshalb Furcht davor empfinden. Diese Hypothese hielt genauerer Analyse nicht stand, denn es muß sich – wie in Abschnitt IIIa dieser Arbeit bereits ausführlich dargestellt – hier um eine Spezies mit einer ziemlich hoch entwickelten technischen Intelligenz gehandelt haben. Sollte hier tatsächlich eine derartige Geisterfurcht geherrscht haben, so hätte man doch wohl jene Gebäude von vornherein so konstruiert, daß dunkle Ecken nicht vorgekommen wären. Wir müssen also davon ausgehen, daß es sich hier nicht um eine eingebildete, sondern um eine reale Gefahr handelte, die erst auftrat, als die Gebäude schon in Gebrauch genommen worden waren, die also bei der Konstruktion nicht berücksichtigt werden konnte.

2. *Dunkelhypothese*

Ein großes Rätsel gibt uns der Text dadurch auf, daß die Verursacher dieser Angst, die Gefährder der Sicherheit der Frauen, nie beim Namen genannt werden. Wir haben uns bei unseren diesbezüglichen Überlegungen eine Weile bei der Überschrift aufgehalten: „Mit Licht und Farbe gegen das Dunkel." Aus der Formulierung „gegen das Dunkel" hofften wir Rückschlüsse auf den „Angreifer" ziehen zu können. Wir wurden enttäuscht. Bei „das Dunkel" handelt es sich um eine in unserer Grammatik nicht übliche Form der Substantivierung eines Adjektivs, der Satz sagt also nichts darüber aus, wer die gefürchteten Angreifer eigentlich sind, sondern nur etwas über die Bedingungen, unter denen die Übergriffe erfolgen: aus schlecht beleuchteten Ecken oder Gängen heraus.

3. *Einengung der hypothetischen Möglichkeiten*

Wir müssen also davon ausgehen, daß die gefürchteten Angriffe von *Lebewesen* ausgeführt werden – ob instinktgeleitete Lebewesen wie Tiere oder Lebewesen einer höheren technischen Intelligenz, bleibt dahingestellt. Wir bezeichnen im Folgenden diese angreifenden Lebewesen mit dem Terminus *Population X*. Das einzige, was wir über die Population X aussagen können, ist, daß die ihr Angehörenden ihr aggressives Verhalten anscheinend nicht offen zeigen (vielleicht, weil sie dann die Unterlegenen wären?), sondern heimtückisch und versteckt mit Angriffen aus dem Schutz der Dunkelheit heraus operieren. Es muß sich also bei den Angreifern um eine feige, hinterhältige Spezies gehandelt haben.

Die Tatsache, daß diese Angreifer nie beim Namen genannt werden, deutet darauf hin, daß diese Gefahr so verbreitet und alltäglich war, daß alle Leser wußten, worum es sich handelt, ohne daß der Schreiber das extra benennen mußte. (Der Bericht kommt in anderem Zusammenhang auf diesen Punkt noch einmal zurück.) Wenn dies so war, dann bleibt wiederum rätselhaft, warum die Frauen gegen ein solch verbreitetes Übel keine anderen Maßnahmen zu ergreifen wußten als die in hohem Grade defensiven, zudem umständlichen und kostspieligen der baulichen Veränderung. Gab es keine andere Möglichkeit, die Population X aktiv in ihre Schranken zu weisen?

4. *Männerhypothese*

Wir hielten uns bei unseren Forschungen längere Zeit bei dem Begriff „Männer" auf, der am Schluß des Artikels auftaucht. Hier handelt es sich möglicherweise um eine zweite Spezies, offenbar auf annähernd der gleichen Entwicklungsstufe wie die Frauen, da sie sich der gleichen, als Autos bezeichneten Gehäuse bedienen und auch freien Zugang zu den Gebäuden haben. Wenn ihnen in dem Artikel auch rücksichtsloses Verhalten bescheinigt wird, so ist bei genauerer Analyse doch ausgeschlossen, daß es sich bei ihnen um die gesuchte Population X handeln könnte. Denn offenbar benutzen die Männer ganz offiziell die gleichen Gehäuse und Gebäude wie die Frauen, was auf eine friedliche Koexistenz beider Spezies schließen läßt. Es widerspräche allen unseren bei der Untersuchung der psycho-sozialen Gegebenheiten auf anderen Planeten gemachten Erfahrungen, daß von zwei in friedlicher Koexistenz lebenden Spezies Angehörige der einen zu heimlichen Überfällen auf Angehörige der anderen Spezies neigen. Dies kommt nur vor, wenn offiziell ein Kriegszustand erklärt wäre, was nach dem uns hier vorliegenden Text, der von gemeinsamer friedlicher Nutzung von Gebäuden spricht, ja offenbar nicht der Fall war. Wir haben es also bei Population X mit größter Sicherheit mit einer dritten Spezies auf niederer Entwicklungsstufe zu tun.

5. *Tierhypothese*

Könnte es sich bei dieser niederen Spezies vielleicht um die von uns als Schattentiere kategorisierten Lebewesen handeln, auf die wir vereinzelt stießen (vgl. Abschnitt IV d)? Das zwanghafte Aufsuchen von Dunkelheit ist das einzige Merkmal, das auf sie wie auf die gesuchte Population X zutreffen könnte. Im übrigen ist es jedoch gegen jede Erfahrung, daß eine technisch hochentwickelte Gesellschaft, die gewöhnlich jede Form von instinktgeleitetem tierischen Leben unter Kontrolle, wenn nicht gar ausgerottet hat, nicht mit einer solchen Population kleiner Tiere fertiggeworden wäre. Ist noch denkbar, daß diese sich trotz aller Kontrollsysteme unbemerkt in die genannten Gebäude einschleichen, so ist unvorstellbar, warum man sie vor Ort nicht schnellstens losgeworden wäre, hätten sie denn eine solche Gefahr dargestellt.

Schlußfolgerung

Die Kernfrage bleibt ungelöst: Welcher Art war wohl die Population X, wenn von ihr eine solche Gefahr ausging, daß man ihr mit baulichen Veränderungen (wie sonst eigentlich nur gegen unabänderliche Naturgewalten angewendet – z. B. Bedachung bei Regen, Dämme gegen Fluten) begegnen mußte?

Eine zweite wichtige Frage, die in dem uns vorliegenden Text ungeklärt bleibt, ist: was wollte die Population X mit ihren Übergriffen erreichen? Besaßen die Frauen irgendwelche Schätze, Kostbarkeiten, die die anderen nicht hatten und die ihnen im Schutze der Dunkelheit abgejagt werden sollten, handelte es sich also um Raubüberfälle (die dann ja wohl kaum von Tieren ausgeführt worden sind)? Auch diese Frage muß offenbleiben.

Anhang

Die Kollegin Francine, Fachgebiet Verhaltens- und Motivforschung, hat eine Theorie entwickelt, die dem übrigen Team so weithergeholt erschien, daß es sich dieser Auffassung auch nicht in spekulativster Form anschließen möchte. Die Gedanken von Francine werden im Folgenden als abweichendes Votum wiedergegeben:

„Mir hat die Unstimmigkeit keine Ruhe gelassen, die darin besteht, daß in dem Text des langen und breiten von einem Angst auslösenden Gewaltphänomen und umfangreichen Gegenmaßnahmen die Rede ist, ohne daß dabei auch nur der winzigste Hinweis auf die Verursacher (oder die Ursache) dieses Zustands und deren Motive zu finden ist – was doch eigentlich auf der Hand läge. Ich habe mich einzig mit dieser Unerklärlichkeit beschäftigt und dabei die Hypothese durchdacht: Was wäre, wenn der Schreiber dieses Textes selbst der Population X angehörte? Diese Annahme steht allerdings in diametralem Gegensatz zu unserer Grundauffassung, daß es sich bei den aggressiven Angreifern um eine niedere Spezies mit unkontrollierten Affekten gehandelt haben muß, die feige aus dem Hinterhalt operiert. Denn der Schreiber dieses Textes muß ja zur hochentwickelten Spezies technischer Intelligenz gehört haben, ja, mit seiner Fähigkeit zu begrifflicher Abstraktion und zur Umsetzung der Begriffe in Hieroglyphen, verbunden mit Zugang zu Produktionsmitteln, die eine Verbreitung seiner Gedanken ermöglichen, der Elite der technischen Intelligenz angehört haben. Lassen wir diesen nach unseren Maßstäben unauflöslichen Widerspruch einen Augenblick beiseite, und fragen wir: Wären unter dieser Prämisse seine Motive, den Verursacher nicht zu nennen, erklärbar?

Diese Frage ist unumwunden mit ja zu beantworten. Der ganze Tenor des Textes spricht dafür, daß es sich bei den Überfällen um gesellschaftlich nicht akzeptiertes Verhalten handelt. Gehörte der Schreiber nun selbst der Population X an, so müßte er jedes Interesse daran haben, den Anteil, den seine Gruppe als Verursacher an dem Vorgang hat, zu verschweigen (ob dies bewußt oder unbewußt geschieht, ist zweitrangig). Die Frage, warum die Verursacher der Gefahr nicht genannt werden, wäre damit beantwortet.

Aus dieser Hypothese ergeben sich jedoch Folgen, die unser ganzes Theoriegebäude erschüttern: Ein Mitglied der Population X in der Elite der zur Abstraktion fähigen technischen Intelligenz würde nicht mehr und nicht weniger bedeuten, als daß die Population X in friedlicher Koexistenz mit den Frauen zusammenlebt. Dieses wiederum würde unsere, aus den in unserer eigenen Gesellschaft geltenden Maximen und aus Untersuchungen anderer planetarischer Gesellschaften gewonnene Grundregel: „Das Zusammenleben zweier Spezies in friedlicher Koexistenz schließt aggressive Handlungen der einen Spezies gegen die andere aus" über den Haufen werfen. Unsere ganze wissenschaftliche Theorie über das Zusammenleben von unterschiedlichen Spezies müßte revidiert werden.

Denn würde meine Hypothese stimmen, so ergäben sich weitere Fragen. Der defensive Umgang mit den durch die Population X hervorgerufenen Mißständen, der uns so viel Kopfzerbrechen macht, würde dann darauf hindeuten, daß die Population X konkret die gesellschaftlich stärkere Gruppe innerhalb dieser Koexistenz ist. In diesem Zusammenhang rückt übrigens die kurze Erwähnung der Spezies Männer in ein ganz anderes Licht.

Damit ließe sich einerseits die uns so merkwürdig erscheinende völlige Inadäquanz der Maßnahmen erklären. Da es sich ja bei den Übergriffen offenbar um gesellschaftlich allgemein mißbilligtes Verhalten handelt, scheint man mit den ausführlich geschilderten Maßnahmen, wie Licht und Farbe, Kontrolle, Separierung, davon ablenken zu wollen, daß man im Grunde gar nicht bereit ist, das Übel an der Wurzel zu packen, was hieße, bei der Population X eine Verhaltensänderung zu bewirken.

Andererseits wirft die Annahme, daß die Population X innerhalb der Koexistenz eine stärkere gesellschaftliche Machtstellung innehat, ein weiteres Problem auf. Zwar ist nach unseren Maßstäben dieses aggressive Verhalten zwischen zusammenlebenden Gruppen überhaupt nicht verständlich – es erscheint uns geradezu pervers –, doch wäre es nach psychologischen Regeln dann zumindest ansatzweise erklärbar, wenn die gesellschaftlich schwächere Gruppe gegenüber der gesellschaftlich stärkeren derartige Angriffe aus dem Hinterhalt verübte, vielleicht als Kompensation für gesellschaftliche Unterdrückung, Zurücksetzung oder irgendwelche gegen sie gerichtete tatsächliche oder strukturelle Gewalt. Unerklärbar scheint mir jedoch – und das halte ich für den Schwachpunkt meiner Hypothese, das ist für mich der Punkt, an dem sie mir selbst kaum glaubhaft erscheint –, welchen Grund Angehörige der gesellschaftlich stärkeren Gruppe haben sollten, in der geschilderten Manier hinterrücks über die ohnehin schwächere Gruppe herzufallen.

Wir werden diese Frage nicht lösen können, weil das, was für unser Verständnis das wichtigste wäre, nämlich das Motiv für diese Angriffe, völlig im Dunkeln bleibt. Wir wissen lediglich, daß dieses Verhalten offiziell gesellschaftlich geächtet war, als verwerflich angesehen wurde. Es muß sich also um unkontrolliertes primitives Verhalten gehandelt haben, zu einem privaten Zweck (welchen, wissen wir wie gesagt nicht), dessen sich die Angreifer im hellen Tageslicht schämten („Licht... in das Dunkel"). Ein solches Verhalten steht jedoch nach all unseren Erfahrungen in krassem Gegensatz zur Existenz einer technischen Hochzivilisation, mit der wir es nach den anderen Funden auf diesem Planeten ja offenbar zu tun haben. Das Verhalten der Population X bleibt also ein Rätsel.

Ich wünsche mir, daß bald eine neue Expedition zum Blauen Planeten möglich wird, um vielleicht neues – zahlreicheres – schriftliches Material zu finden, mit dem wir der Lösung des Rätsels der Population X und der uns nach den bisherigen Erkenntnissen absolut bizarr erscheinenden Verhaltensmuster der Lebewesen auf dem Blauen Planeten näherkommen könnten. Vielleicht fänden wir, sollte sich meine Vermutung von der Pervertierung normaler Verhaltensmaßstäbe bestätigen, dann auch eine Erklärung dafür, warum die Hochzivilisation, die unzweifelhaft auf diesem Planeten existierte, so vollständig und fast spurlos zerstört ist, ja, sich möglicherweise selbst zerstörte."

Halina Bendkowski

VON PHALL ZU FALL MUSS ES EINEN FORTSCHRITT GEBEN

Bericht von einer Kampagne gegen sexuelle Gewalt

Vorbehalten gegen eine Teilnahme an einer gemischten, also einer Frauen/Männer-Kampagne gegen sexuelle Gewalt bin ich vorauseilend mit folgender Bemerkung zuvorgekommen: Die Zeit der Erhörung ist endlich gekommen – die Männer müssen in ihren eigenen Analysen über ihre eigenen Gewaltstrukturen stolpern –, von Phall zu Fall will ich dabeisein.

„Na ja", meinten viele Frauen und teilten sich dann auf: in diejenigen, die befürchteten, daß Frauen hier Männern gratis Nachhilfe gäben, die diese in ihrer bekannten unverschämten Art sich gleich zur Profilierung und Zurschaustellung zunutze machen könnten. (Ich bin diesbezüglich gönnerhaft, wenn es engagiert gemeint ist.)

Andere meinten, die Frauen, und wiederum noch andere, die Männer, auch die gutwilligen, seien noch nicht so weit, miteinander eine Kampagne gegen sexuelle Gewalt gegen Frauen zu veranstalten. Meine Meinung dazu ist diktiert vom Kalkül der Beschleunigung – und wie anders als durch öffentliche Auseinandersetzungen kann der Lauf der Meinungen auf Trab gebracht werden. Beim Rotieren der Meinungen muß es den Frauen doch um eine Vorwärtsstrategie gegen das herrschende Männlichkeitsideal gehen. Männer sind dabei nicht als nützliche Idioten zu disqualifizieren, sondern in die Pflicht zu nehmen, wenn es sich denn nicht auf eine feministische Gaudi beschränken soll.

Aber zugestanden: amüsiert habe ich mich auch, als zum Beispiel Wolf-Dieter Narr in seiner Eingangsrede, statt vom notwendigen „Engagement“ gegen die Gewalt zu sprechen, ein „Engage-schmäh“ herausbrachte und bei der Forschung nach den Gründen für die Gewalt, „die wir vermythen“, Mutmaßungen produzierte. Die Korrekturen blieben oftmals hinter den Versprechern zurück.

Die Kampagne gegen sexuelle Gewalt, die vom Komitee für Grundrechte und Demokratie gezielt auch an Männer adressiert war, erreichte die Männer mehr in ihrer Eigenschaft als Referenten denn als Zuhörende. Die Männer, die als Zuhörende kamen, waren in der Minderheit; etwa ein Zehntel der beinahe tausend Anwesenden waren als solche zu identifizieren. Bei so geringer Resonanz auf ein gemeinsames Angebot könnte frau schon auf den Gedanken kommen, die Männer weiterhin aus solchen Veranstaltungen auszuschließen und so wenigstens Aufmerksamkeit zu provozieren. Nur: es hilft nicht, Negativerwartungen bestätigt zu bekommen, wenn es um Weiterentwicklung gehen soll. Das Schweigen der Frauen zur Gewalt ist dank der Frauenbewegung durchbrochen worden – das Schweigen der Männer zur Gewalt ist als Kumpanei zu brandmarken, so lange, bis sie es brechen. Etwas mehr Ungeduld ist angebracht – sowohl privat wie öffentlich.

Dazu bedarf es der öffentlichen Aufmerksamkeit. Bei dieser Kampagne auf jeden Fall wurde die Gunst der Medienaufmerksamkeit hauptsächlich Michael C. Baurmann zuteil, seines Zeichens Psychologe beim Bundeskriminalamt. Nach Durchsicht aller Presseberichterstattungen haben die meisten Zeitungen dieser Republik folgende dpa-Verlautbarung zitiert:

„Nicht eine radikale Feministin, sondern ein männlicher Kriminologe, Dr. Michael C. Baurmann vom Bundeskriminalamt in Wiesbaden, hat diese Behauptung aufgestellt: ‚Jeder Mann ist ein möglicher Vergewaltiger aus der Sicht vieler Frauen. Dies mag viele Männer in Rage bringen. Aber ein Großteil der weiblichen Bevölkerung in der Bundesrepublik sieht das so und nicht anders... Das Wissen, daß sexuelle Gewalt noch viel häufiger geschieht, als es offiziell bekannt ist, macht Frauen angst‘, so Baurmann weiter.“

Erst nachdem eine männliche Autorität sie geadelt hatte, fand diese feministische Erkenntnis Eingang in die bundesrepublikanischen Redaktionsstuben von Nord bis Süd. Immerhin, denkt frau bittersüß, wenn das heißt: die stinknormalen Männer müssen zur Kenntnis nehmen, was auch Wissenschaftler analytisch nicht mehr verleugnen können, weil Frauen seit Jahren die Normalität der Gewalt gegen Frauen benannt haben.

Die Version von Baurmanns „stinknormalem Mann“ als dem gewöhnlichen Täter ist einerseits eine Bestätigung der begründeten Furcht von Frauen, daß jeder Mann ein potentieller Vergewaltiger ist, aber andererseits ausgerechnet durch die Globalisierung eine relative Verharmlosung. Die Bestätigung von Kampfparolen durch Analyseformeln sollte uns eher aufschrecken als glauben lassen, hier sei Erhörung geschehen. Erhörungen dieser Art – und solcherart von Männern formuliert – tendieren zu zynischen Sprechweisen. Das Sprechen zu parolisieren fördert die Paralysierung des Nach Denkens, bei Männern wie bei Frauen. Intellektuelle, auch linke, Schlag(wort)abtausche demonstrieren dies leider immer wieder.

Wenn's schon nicht witzig ist, dann bitte nicht auch noch fad!

Zum Gebrauchswert globaler Thesen noch ein weiterer Gedanke: Michael C. Baurmann endete seinen Vortrag mit einem Aufruf zu männlicher Gewaltverzichtserklärung. Sein Vorschlag war, überall sollten sich Männer in Aktionskreisen organisieren und so dokumentieren, wie viele sich gegen Gewalt aussprechen. Da kam eine sonderbare Stimmung auf. Eine Frau meinte konterkarierend, die Männer sollten bekennen: Ich bin ein Vergewaltiger.

Ein Schreck fuhr mir durch Kopf und Gemüt bei dem Gedanken, die anwesenden Medionauten könnten diese Karikatur einer Idee aufgreifen und damit ihre Berichte covern. Ja, wissen denn die Frauen nicht oder ahnen sie nicht wenigstens, daß Fallstrickdenken – nach dem Muster: „Was du auch immer denkst und machst, es ist falsch, Mann!" – in die Sackgasse führt? Macker stehen bereits zu ihren Macken und geben sich bewegt, weil sie erkannt haben, daß sie keine Lust haben, sich aus lauter Solidarität mit dem weiblichen Geschlecht beim Pinkeln hinzusetzen. Wem schon das nicht gelingt – Männer sind eben so –, der verspritzt nicht nur beim Pinkeln Gestank.

Dagegen ist der Aufruf zur Gewaltverzichtserklärung eine geradezu ideologiekritische Maßnahme. Gerne sähe ich dafür die Männer in Aktionskreisen zusammen. Dieser Austritt aus der Kumpanei des Schweigens ist politisch jedenfalls vorantreibender als das Denken im Fallstrick, denn selbst zunächst hilflos anmutende Versuche mischen mehr auf als die Zurschaustellung männlicher Unbedarftheit.

Schon lange finde ich es an der Zeit, daß das Männlichkeitssyndrom zu einem gewaltigen Problem für die Männergesellschaft wird. Die Kosten können gar nicht hoch genug eingeschätzt werden. Faszinierend und einleuchtend erschien mir deshalb der Vorschlag der feministischen Linguistin Luise F. Pusch, die ganz einfach eine nach dem Verursacherprinzip zu berechnende MÄNNLICHKEITSSTEUER in die Debatte warf. Bedauerlich, daß Journalisten und ihre Kolleginnen so schlecht zuhören können, so daß, zum Beispiel in einer Meldung von ap, aus der Männlichkeitssteuer eine Männersteuer wurde.

Überhaupt: die Unterschiede, auf die es ankommt, kommen in unseren Auseinandersetzungen und in der Berichterstattung darüber zu kurz. Wann endlich gibt es den dialektischen Sprung in der Gewaltdebatte? Gegen Gewalt gegen Frauen zu sein, bedeutet, die Politik des Erduldens nicht weiter zu dulden. Das heißt, ernsthaft Strategien gegen den Sexismus zu entwickeln und Frauen aus ihrem Objektstatus zu befreien. Die gesellschaftliche Vormachtstellung des „Mannes" gegenüber der „Frau" ist gewaltproduzierend, schließlich ist der gewollte Ernstfall einer sexistischen Hierarchie sadistisch.

Natürlich profitiert jeder Mann von den herrschenden Sitten, aber nicht jedermann strauchelt darüber. Die Sittenstrolche, die manchmal über Funk und Fernsehen gesucht werden, sind nur diejenigen, die den herrschenden Sexismus unkontrolliert und vor allem ohne zu zahlen ausleben. Deswegen unter anderem ist ihr Schuldgefühl trotz therapeutischer Intervention nur schwer zu entwickeln. Zu wissen, ein dummer, weil ein erwischter Sexualstraftäter zu sein, trägt nicht zur Erweiterung eines ohnehin verengten Horizontes bei.

Das Risiko der Brutalisierung aus Armut an Alternativen tragen die Frauen, und je ärmer die Frauen selber sind, desto häufiger werden sie Opfer männlicher Gewaltakte. Ihre anerzogene Bereitschaft zur Friedfertigkeit und ihr Arrangement mit den herrschenden Verhältnissen machen sie zu Opfern und/oder zu abhängigen Komplizinnen, deren Widerstand nur real werden kann, wenn Alternativen geschaffen werden. Die Frauenbewegung muß die Kriminalisierung der Gewalt gegen das sexuelle Selbstbestimmungsrecht noch viel weiter treiben – der Trauschein als Hauschein ist einfach nicht zu akzeptieren.

Frau muß mal bedenken: wenn in Vergewaltigungsprozessen den Tätern durch professionelle Gutachterhilfe entlastend eine „geschlechtsspezifische Situationsverkennung" zugestanden wird, dann ist der Nachweis, sie hätten es vorsätzlich getan, kaum zu erbringen. Die Täter profitieren, staatlich geschützt, von der sexistischen Männermoral, die in der Frau das durch Verführung schuldig gewordene Opfer sieht. Dank öffentlicher Kritik durch engagierte Rechtsanwältinnen wird die männliche Kumpanei zwischen Vergewaltigern und Juristen allerdings immer offensichtlicher. Als typisches Privileg ist sie nicht mehr zu halten.

Mein Plädoyer gilt der Entfaltung weiterer öffentlicher Kritik und dem Studium der Männerwelten, um nicht bloß wegen der Entfernung gefährlicher Mystifizierung anheimzufallen. Viele Frauen, die aus einer öffentlichen Auseinandersetzung mit Männern aussteigen wollen, lügen sich um ihre Wirklichkeit und leisten einer radikalen Harmlosigkeit Vorschub, die gesellschaftlich wendig um sich greift und rhetorisch zur Herrschaft gekommen ist. Die Radikalität der Theorie entspricht nun einmal nicht der Radikalität der Wirklichkeit. Dazwischen Erfahrungen formulierbar zu machen, die sich zum Nachdenken anbieten, bleibt eine radikale Aufgabe, die nicht der Erstarrung im Formelhaften preisgegeben wäre. Eine feministische Folklore verhält sich neutral und gebärdet sich radikal, Leere produzierend. Gewisser Wahrheiten müde, entfällt die notwendige Realauseinandersetzung zwischen den Frauen und um differenzierende Perspektiven.

Wenn ich mich einmal korrigierend selbst zitieren darf: In meinem Beitrag „Gegen den Liberalismus von der Stange" in „Gewaltverhältnisse – Streitschrift für die Kampagne gegen sexuelle Gewalt" gab es einige Falschkorrekturen, die nun wiederum verbessert gehören, zumal es um das gleiche Thema geht.

Es ist immer schwierig, ein Textende zu finden. Jeder Optimismus, jedes „Zur Sonne, zur Freiheit" ist verfehlt, und ein Amen beschließt nur die Gebete. Ich endete damals folgendermaßen: „Gegen die Politik des Nichtstuns helfen keine weiteren Analysen und Untersuchungen, die ohnehin nur ausführen, was bekannt ist, sondern Veränderungen allein. Von Susan Brownmiller wissen wir: ‚Men never rape equals in power.' Männer vergewaltigen niemals gleich Mächtige. Also!"

Zugegeben, das ist eine etwas hilflose Aufforderung, aber ehrlicher als die korrigierte Fassung: „Zu den neuen Wegen aber gehören neue Begegnungen, neue Politiken, neue Konflikte. Wir Frauen sind stark genug, sie einzugehen." Besonders der letzte Satz ist mir eine unerträgliche Pein, denn er kommt aus dem formelhaften Folklorerepertoire, das ich so hasse und nur als doppelte Ironie feilbieten würde.

Daß alle Kollektivsätze platte Lügen sind, zeigt sich bei jeder Veranstaltung, ob mit oder ohne oder gegen Männer und Frauen. Besonders Großveranstaltungen wie das erste Frauensymposium „Gegen Gewalt gegen Frauen" im Berliner Reichstag oder die Kampagne gegen sexuelle Gewalt in Köln schwanken ständig zwischen Mob- und Pop-Stimmung, was aber der Förderung neuer zündender Parolen kaum zugute kommt, sondern nur die ewig alten runterkalauert. Von „Schwanz ab!"- bis „Männer sind auch Menschen, die von Müttern erzogen worden sind"-Phrasen lassen sich kein neues Denken und keine neue Stimmung erwarten. Die Klügeren haben sich inzwischen nämlich angewöhnt zu schweigen, was die Diskussion nicht geistreicher macht. Die Frage nach dem Nutzen und dem Erfolg solcher Veranstaltungen bleibt also vorerst unbeantwortet – man bescheidet sich mit der Wirkung, die die Inszenierung erzielt. Es fragt sich nur, welche Wirkung das ist.

Diesmal ende ich mit dem Anfang: Von Phall zu Fall muß es einen Fortschritt geben. Ich gestehe, daß ich nur deswegen mich engagiere. Ansonsten hörte ich lieber den Blumen zu.

Luisa Francia

MEIN VORBILD – DIE SCHRECKSCHRAUBE

Vorschläge zu einer Erweiterung des weiblichen Raums

BESTANDSAUFNAHME:

Als ich mich entschloß, für dieses Buch einen Beitrag zu schreiben, gab es am Abend im Bayerischen Fernsehen einen Beitrag über Vergewaltigung. Drei Männer diskutierten und eine Frau. Die Frau – defensiv und kaum gefragt – kam nur zum Stichwortgeben dran. Hauptwortführer war ausgerechnet Peter Gauweiler, der Scharfmacher der Staatsgewalt, der ganz allein entscheiden will, wer wem wann auf den Kopf hauen darf.

Vergewaltigungen werden in zunehmendem Ausmaß von Gruppen oder Banden ausgeführt. Was bedeutet, daß eine vergewaltigte Frau es auch noch mit gruppendynamischen Prozessen zu tun bekommt.

Ein Spruch aus der amerikanischen Soldatenausbildung:

„Das ist mein Maschinengewehr." (GI hält seine M16 hoch.)

„Das ist mein Revolver." (Er faßt sich an seinen Schwanz.)

„Das eine ist zum Töten."

„Das andere zum Vergnügen."

Daran anknüpfende polemische Überlegungen:

Der männliche Orgasmus ähnelt dem Zünden einer Bombe.

Ein kleiner Junge drängt ein Mädchen in eine Ecke –

unter Einsatz seines Pimmels. Drohend pflanzt er sich vor ihr auf.

Das Bewußtsein von Macht. Und das Bewußtsein von Ohnmacht.

Die meisten Männer onanieren in ihre Frauen hinein. Und die meisten Frauen lassen Männer in ihre Vagina hineinonanieren.

Aber: Geschlechtsverkehr hat nicht das geringste mit Liebe zu tun, wenn er ertragen wird von den Frauen, um die Männer nicht zu verletzen.

BEISPIELE:

Auf einem Spielplatz spricht ein Mann ein türkisches Mädchen an. Mütter sitzen da, ratschen, stricken. Ich gehe gerade vorbei. Das Mädchen gibt dem Mann die Hand. Niemand bemerkt das. Ich frage den Mann, wohin er mit dem Mädchen will. Das Mädchen sagt: Er kauft mir Bonbons. Ich hole aus und gebe dem Mann eine Ohrfeige und sage: Wo die herkommt, ist noch mehr. Jetzt kommen die Frauen vom Spielplatz und regen sich auf. Das war nicht in Ordnung, sagen sie. Du kannst doch nicht so mit dem Mann umgehen. Es muß doch erst erwiesen sein. Während wir noch debattieren, haut der Mann ab.

Ich denke an einen Fall von Kindesvergewaltigung und -mord. Ein Autofahrer wurde Zeuge der Auseinandersetzung zwischen dem Mörder und dem Kind und schrieb sich die Autonummer auf, „falls das später wichtig werden sollte".

Ein Filmemacher sagt über einen seiner Filme, in dem außer Prostituierte nur Zuhälter und Kriminelle vorkommen: „In diesem Film können Männer noch Männer sein, weil Frauen noch Frauen sind."

Die Zeit, in der sich Männer Skrupel machten wegen ihrer sexuellen Träume, ist endgültig vorbei. Was jetzt ansteht, ist neues Selbstbewußtsein. „Weil Männer

Strumpfhosen hassen und die meisten Frauen Strapse nicht ausstehen können, hier unsere Alternative: das Strumpfband", heißt es in einer Modezeitschrift.

Kein Schwanz ist so hart wie das Leben, sagt eine Freundin. Und meine Schwester meint, es sei unglaublich, wie sehr „sie" sich abmühen, „es" zu bringen, und wie es dann immer wieder erstaunlich kurz und ereignislos sei.

Alles Gute, sagte ein Freund am Geburtstag zu mir. Aber als ich kam, um es mir zu holen, gab's nichts davon.

Eine Freundin sagt: Alle wollen nur unser Bestes. Aber wir geben es ihnen nicht.

Unser Bestes – wird Zeit, daß wir's realisieren. Denn wir sind groß im Wegdiskutieren seiner Fehler, wenn es gilt, ihn vor Freundinnen zu verteidigen. Wir sind bereit, uns jeden Moment zu zerlegen, aufzulösen, ganz mies zu finden, wenn es darum geht, klar zu fragen: was finde ich eigentlich an ihm. Wir machen uns klein, damit wir in sein Bett passen.

Ein Klospruch: „Manche Frauen schaffen es, ihren Männern über den Kopf zu wachsen, obwohl die gar keinen haben."

NOCH EINE ÜBERLEGUNG:

Was machen wir eigentlich mit all den Männern, die jetzt Soldaten oder Polizisten sind, auf Kampf und Konfrontation gedrillt – wenn wirklich mal Frieden ist? Was tun wir mit all den Wissenschaftlern, die daran arbeiten, strahlensichere, pflegeleichte kleine Arier zu züchten? Wer bändigt diese Leute? Wer bringt ihnen die Lust am Frieden, am Genießen, am Bewahren, am verantwortlichen Handeln und am Feiern bei? Wer soll ihnen sagen, was Rationalität wirklich ist? Wer läßt sie den Drill vergessen? Wer bringt sie dazu, nicht mehr auf Befehle zu warten? Wir etwa?

Wir haben keine Lust mehr, die Geschützfeuer der Männer mit unseren Tränenseen zu löschen.

AM EIGENEN LEIB:

Mit sechzehn wurde ich von einem Betrunkenen mit einem Messer angefallen. Ich konnte grauenhaft schreien und ihn damit verjagen. Auch später hatte ich einige unerfreuliche Zusammenstöße mit Männern. Ich hatte dabei mehr Glück als Verstand.

Ein Vorfall vor Jahren läßt mich langsam zum Thema dieses Beitrags kommen. Ich vergaß meine gute Erziehung, als mich ein Irrer mit Fotoapparat und Messer in den Schweizer Bergen überfiel. Ich schlug diesem Mann mit einem Stein so heftig gegen die Brust, daß er fiel und ich weglaufen konnte. In diesem Moment hatte sich etwas in mir aufgelöst, das ich bisher für mein größtes Hindernis gehalten hatte: die Unfähigkeit zu verletzen.

Das ist das Hauptproblem: Frauen wagen es nicht, auf jemanden einzuschlagen. Sie wollen nicht verletzen, und sie haben – mit Recht – Angst vor der Reaktion des Angreifers. Sie haben auch – mit Recht – Angst vor den Gerichten, die nicht zimperlich sind mit Frauen, die ihre Vergewaltiger verletzt oder gar getötet haben.

Ich weiß jetzt, daß ich es fertigbringe, mich mit allen Mitteln zu verteidigen, weil ich mir selbst heilig bin. Es gibt keine Patentrezepte. Aber den Teufel werden wir tun und jede Nacht zu Hause bleiben, um uns nicht zu gefährden. Wir erobern uns die Nacht zurück. Bloß wie?

MEINE VORBILDER:

Wie immer führt der Weg zur Kraft über Tabus. Tabu sind in unserer Gesellschaft Mannweiber und Frauen, die Haare auf den Zähnen haben, Matronen und Xantippen – ach, Xantippe, die es wagte, ihren herr-lich hochkarätigen Philosophengatten auf sein Normalmaß zu stutzen mit ihrer Däm-lichkeit.

Tabu sind Schreckschrauben und fette, wüste Weiber und Marktfrauen, die so laut schreien, daß man in ihrer Nähe taub werden kann, keifende, kreischende, schrille Frauen.

Tabu sind die Gifthaferln und die Urviecher, mit denen man zwar ganz gut Karten spielen oder Klos reparieren kann, aber eben nicht so gut vögeln.

Ich verehre meine Tante. Als mein tobender Vater drohte, meine Mutter an die Wand zu prügeln, da hing sie eine Tür aus und schlug ihn aus dem Haus. Meine Tante sagt: Ich weiß gar nicht, was ihr immer habt mit euren Schlankheitskuren. Ich halte meine achtzig Kilo ohne Probleme. Sie sah übrigens sehr gut aus.

Als Kind habe ich sie gefürchtet. Sie scheute keinen Konflikt, ließ sich niemals beleidigen oder dumm anreden. Meine Schwester und ich taten oft so, als gehörten wir nicht zu ihr, wenn sie Männer anfauchte. Aber heimlich bewunderten wir sie. Auch wenn sie ihren Chef anbrüllte: Sie sind auf mich nicht angewiesen, mein Lieber, aber ich auf Sie!

Ich verehre die Marktfrauen, diese alte Bastion unabhängiger Frauen, die sich über einen Kilometer hinweg unterhalten können, ohne die Stimme zu erheben. Sie können richtig gemein werden, wenn ihnen einer das Kraut ausschüttet. Eine Nürnberger Marktfrau hat sich vor Jahren mit einem Polizisten angelegt, den sie geduzt hat, weil sie jeden duzt, und der sich dadurch in seiner Würde herabgesetzt fühlte. Wie weit mag es da her sein mit der Würde? Obwohl sie einige Strafen zahlen mußte, duzt sie ihn immer noch.

Als meine Schwester jung war – klein war sie nämlich nie –, sagten immer alle „Riese“ und „Trampel“ zu ihr. Jahrelang eroberte ich die Welt an ihrer starken Hand und war dankbar, daß sie es sogar mit den Monstern meiner Kindheit, den frechen Straßenjungen, aufnahm.

Ich liebe Frauen, die so durch mein Zimmer gehen,

daß das Glas im Bücherschrank vibriert, und die im Kino so laut lachen, daß sich alle umdrehen.

Die Heldin meiner Kindheit war eine uralte Magd, damals vermutlich so um die Fünfzig, die allein mit ihrem Hund Bazi auf dem Nachbarhof lebte. Sie schloß ihre Tür nie ab. Sie stand derart außerhalb aller Diskussion, daß über sie nicht einmal getratscht wurde. Wir begegneten ihr zu allen möglichen und unmöglichen Tages- und Nachtzeiten. Wir hatten große Angst vor ihr.

Wenn ich die durchgestylten „Herren der Schöpfung" in den Trendcafés herumstehen und -sitzen sehe, wie sie durch ihre modischen Trendblätter wie „Basta" und „Stadt-Zeitung" und „Tip" und „Wiener" blättern und ihre heimlichen Phantasien auf Glanzpapier veröffentlicht genießen, dann wünsche ich mir immer kurz und heftig, daß eine Bande fetter, ungezügelter, ungenießbarer, unverschämter Weiber durch das Lokal fegt, nachts die Straßen unsicher macht und zum Alptraum für die flotten Jungs wird.

Solche Frauen, von denen Männer gern sagen: die könntest du mir aufschweißen, die würde ich runterrosten lassen. Das wäre mal ein Lernprozeß für die Knaben.

Ich bin jetzt nicht mehr in dem Alter, wo alle Schwellkörper toben, wenn ich vorbeigehe. Auch bin ich inzwischen geübt im Nahkampf, im Volksmund auch Geschlechtsverkehr genannt.

Aber die neuen Gewaltphantasien der Männer bedrohen ja auch nicht mich und meine Generation, sondern die kleinen Frauen, die sich selbst noch nicht so gut kennen. Meine Tochter und ihre Freundinnen zum Beispiel. Von ihnen erwarten die Männer am wenigsten Durchblick und Widerstand.

Das muß nicht so sein, daß sie sich nicht wehren können. Ich finde, ein Grundkurs in Wen-do, der Frauen-Selbstverteidigung, ist das mindeste, was wir unseren

Töchtern zukommen lassen sollten. Es geht nicht unbedingt um's Zuschlagen. Es geht darum, daß sich beim Kennenlernen der eigenen Kraft auch die Kräfte verschieben. Zudem macht es den kleinen Frauen auch Spaß, ihre Kräfte spielerisch zu messen und zu sehen, wie stark sie wirklich sind, wenn die Kraft nicht durch Angst und Zweifel blockiert wird.

Deshalb ist eines meiner größten Vorbilder jenes dänische Mädchen, das einen Vergewaltiger mit Judo umgelegt und dabei kräftig hingehauen hat.

Seit zwei Jahren gehe ich durch die Stadt und warte darauf, daß einer auf mein harmloses Gesicht hereinfällt. Denn jetzt bin ich durchtrainiert. Jeder Muskel in lustvollem Tanz gefestigt, der tödliche Hüftschwung parat.

Aber irgendwie gehen die Männer mir aus dem Weg.

Manchmal muß ich kichern, weil ich so darauf warte, angemacht zu werden und meine Trockenübungen ausprobieren zu können, mit denen ich mich jeden Morgen munter mache.

„Du, ich glaube, die spinnt", sagte da mal ein Jugendlicher, der mit einer Horde an mir vorbeizog.

„Solche sind unberechenbar", sagte ein anderer.

Eben. So ist es.

Hilke Schlaeger

VOM UMGANG MIT DER SUPERMACHT

Geschichten, die das Leben schreibt

Immer wenn ich denke: So, das war's! Das hast du hinter dir. Darüber brauchst du nicht mehr nachzudenken – immer wenn dies Gefühl in mir ist, eine Sache abgehakt zu haben, dann fängt mit Sicherheit alles wieder von vorne an. Das Leben ist so. Es ist lästig, aber nicht zu ändern.

Ich war also im Kino (zur Erklärung: weil ich mußte – es gehört zu meinem Beruf) und sah einen Film, „Extremities", was wörtlich „Gliedmaßen" heißt, hier aber vielleicht auch der im Deutschen unmögliche Plural von „das Äußerste" sein kann. Es handelt sich um die Geschichte einer Vergewaltigung, die nicht stattfindet, weil die bedrohte Frau die Verhältnisse umdreht. Der Mann, der sie ein erstes Mal bedroht hatte, mit einem Messer und vermummt, der sie ein zweites Mal zu Hause erwischt und dort fast kaltmacht – diesen Mann kann sie, gerade noch im rechten Augenblick, mit Insektengift lähmen und mit der Telefonschnur fesseln.

Wie in den meisten Fällen, in denen ein Mann eine Frau vergewaltigt oder vergewaltigen will und sein Wort gegen ihres steht, ist der staatlichen Gerechtigkeit auch in diesem Fall so wenig zu trauen wie der gesellschaftlichen. Die Frau nimmt also die Bestrafung in die eigene Hand. Töten will sie ihn, so wie er sie fast getötet hätte. Und nur die Tatsache, daß sie damit zu lange wartet und in der Zwischenzeit ihre Mitbewohnerinnen nach Hause kommen, rettet ihm das Leben.

So weit, so gut. Oder nein: so schlecht, denn solche Geschichten erzählt das Leben nie, und der Film erzählt sie so, daß man sie keinen Augenblick lang glaubt. Es sei denn – was ich nicht beurteilen kann –, man ist ein Mann.

Die Phantasie von der Frau, die die Verhältnisse umdreht, das Gesetz des Handelns an sich reißt, so gewalttätig wird wie sonst nur der Täter, ist eine männliche Phantasie, in diesem Fall eine von der banaleren Sorte, auf Action-Niveau. Denn der Autor, ein gewisser William Mastrosimone, und sein Regisseur, ein gewisser Robert Young, sind nun mal nicht Heinrich von Kleist. Die von ihnen erfundene Frau heißt demzufolge auch nicht Penthesilea, sondern Marjorie.

Nur ein Mann kann sich einfallen lassen, wie das aussieht, wenn eine Frau gewalttätig wird gegen einen Mann; daß der dann aussieht wie ein Kriegsversehrter. Nur einem Mann gelingt es, die Frau im Augenblick des scheinbaren Sieges wie in dem der Niederlage gleich aussehen zu lassen – so oder so: ein Opfer. Nur ein Mann bringt es fertig, das Eigentliche, das Ekelhafte bei einer Vergewaltigung, das, was jede Frau kennt, auch wenn sie bisher davongekommen ist – kurz: die Waffe des Täters –, vornehm gar nicht erst ins Bild zu bringen.

Ein Männerfilm also, wie man ihn sich typischer kaum denken kann, bis hin zu der Erfindung dreier Frauen, die sich über die Frage unterhalten, was mit einem solchen Typen zu machen sei. Natürlich siegt da am Ende das mütterliche Prinzip. Das wäre ja noch schöner, wenn's ihn wirklich erwischen sollte.

Alle Kritiken, die ich zu diesem Film las, fanden „Extremities" einen guten Film. Sie waren alle von Männern geschrieben. Es gibt an dieser Stelle offenbar keine Diskussion.

Hier angekommen, mache ich eine kleine Pause und gehe zu meinem Zigarettenhändler, wo mir eine Zeitschrift auffällt, die ich bisher nicht zur Kenntnis genommen hatte. Aber die Titelzeile auf der ersten Seite, „Frauen vergewaltigen Männer", und dazu ein übermächtig ins Bild hängender Busen und ein nacktes Männchen auf der Flucht – das ist ja nun wirklich mal etwas Neues. Allerdings frage ich mich, was um alles in der Welt der zweifellos zu dem Busen gehörende, wenn auch nicht gezeigte weibliche Kopf an diesem Männchen finden könnte, das vor den eben „Waffe" genannten Körperteil auch noch schamhaft Hemd und Hose hält.

„Der Mann, der ist ein Lustobjekt und sonst nicht zu gebrauchen", sang die Frauenbewegung vor zehn und mehr Jahren. Aber das war alles in allem wohl eher theoretisch zu verstehen gewesen. Von praktischen Übungen, die der Theorie den Beweis hätten folgen lassen, ist mir nie etwas zu Ohren gekommen. Alle weibliche Erfahrung spricht gegen die einfachen Lösungen. In Märta Tikkanens Roman „Wie vergewaltige ich einen Mann?", in dem eine Frau sich an ihrem Vergewaltiger rächen will durch Vergeltung mit Gleichem, mußte die Frau und mit ihr die Leserin lernen, was sie ohnehin wußte: daß diese Frage nur mit „geht nicht" zu beantworten ist.

Nun also „Ja", die Zeitschrift aus dem Hause Springer, kritisch, mutig, engagiert: „Frauen vergewaltigen Männer – Opfer berichten, wie sie zur Liebe gezwungen wurden." Die Nachricht kommt, wie alles Gute, aus den Vereinigten Staaten. Dort soll sich die Zahl der Vergewaltigungen von Männern durch Frauen in den letzten fünf Jahren mehr als verdoppelt haben, von 5 000 auf 12 000 angezeigte Fälle.

Im deutschen Strafgesetzbuch ist das Delikt nicht vorgesehen. Aber das deutsche Strafgesetzbuch ist – nicht nur Feministinnen beklagen das – ohnehin nicht vollständig. Es sieht im Paragraphen 177 nur die außereheliche Vergewaltigung einer Frau vor, die in der Ehe und eben die der Männer nicht. Zu dumm.

In „Ja" berichten Roland, Michael, Karl-Heinz und Jürgen, dazu ein namenloser Nachtportier aus Rothenburg ob der Tauber, wie das war mit der Gewalt. Wovon sie berichten, sind sexuelle Attacken, ausnahmsweise und ganz gegen die Regel und Erfahrung ausgeführt von Frauen. Voraussetzung ist allerdings, daß die fünf Herren auch wirklich existieren, die mehr oder weniger genüßlich erzählen, und daß auch ihre Geschichten wirklich existieren und halbwegs richtig nacherzählt sind und nicht schon wieder Phantasie.

In Spalte fünf des Artikels wird übrigens mit Hilfe eines ziemlich wirren medizinischen Gebrabbels über Hirn, Rückenmark, Sympathikus und Antisympathikus am Ende doch die Tatsache zugegeben, daß es wirklich nicht geht ohne den Willen des Mannes. Wozu dann das Ganze? Es hat etwas mit „Moral" zu tun.

„Frauen", so heißt es da, „die in der Lage sind, Sex und Liebe voneinander zu unterscheiden, begeben sich in eine luftige Ecke. Ihre bisherige Rolle verschaffte ihnen die Macht und Sicherheit des Umworbenseins. Wer aber angreift, muß auch mal mit einem bitteren Korb rechnen, den sich Männer zigfach im Leben einhandeln. Manche Männer haben auch ihren Stolz und schlagen zurück mit der Antwort: ‚Ich bin kein Mann für eine Nacht!'"

Folgt der Name der Schreiberin des Artikels und helles Auflachen meinerseits die ich Erbarmen in mir aufsteigen fühle, Erbarmen mit den Männern. Leider kann ich die Zahlen über vergewaltigte Frauen trotzdem nicht aus dem Kopf bekommen.

Sexuell attackiert werden im Normalfall nicht Männer, sondern Frauen – nicht von irgendwelchen Phantomen, sondern in der Regel von Männern. Aber der Gleichheitsgrundsatz, der im juristischen Bereich „gleiches Recht für alle“ heißt, gilt nicht für diesen Normalfall. Frauen haben dies hinzunehmen, sollten sich auch tunlichst nicht beleidigt fühlen. Auch wenn da einer gegen ihren Willen handgreiflich wird, sollten Frauen nicht denken, dies sei ein Angriff auf ihre Ehre, vielleicht auch ihre Würde als Frau, auf die sie pochen, die sie einklagen könnten – vielleicht sogar vor Gericht.

Diesen Schluß müssen wir aus einer endlosen Reihe von Gerichtsurteilen ziehen. Zwei will ich herausgreifen, die wegen der scheinbaren Geringfügigkeiten, über die geurteilt wurde, besonders perfide, dafür aber auch besonders erhellend sind. Sie stammen aus der Spruchpraxis des Oberlandesgerichts Zweibrücken.

Im einen Fall wurde – nach zwei Schuldsprüchen in den vorhergehenden Instanzen – ein siebenunddreißigjähriger Mann vom Vorwurf der Beleidigung freigesprochen, der ein fünfzehnjähriges Mädchen in seinem Auto festgehalten und an den Busen gefaßt hatte. Das sei, so das Gericht, unterhalb der Grenze eines richtigen Sexualdelikts und noch keine Beeinträchtigung der Geschlechtsehre. Im anderen Fall hatte der Leiter eines Altenheimes sich nachts zu einer vierundzwanzigjährigen Altenpflegerin ins Bett gelegt, sie gestreichelt und war von der entsetzt aufwachenden Frau hinausgeworfen und angezeigt worden. Auch in diesem Fall sagten die Richter des OLG Zweibrücken: das Verhalten des Angeklagten möge zwar schamlos, unverschämt und aufdringlich gewesen sein; ein Angriff auf die Ehre der jungen Frau sei es aber nicht, denn der Mann habe ja durch Liebkosungen um sie geworben und sie infolgedessen nicht zum reinen Sexualobjekt erniedrigt. Sie brauche sich durch sein Benehmen nicht beleidigt zu fühlen.

Mit anderen Worten: Wer einem jungen Mädchen an den Busen geht, obwohl sie das nicht will, der greift damit nicht ihre Ehre an. Was aber greift er dann an? Wer eine Frau gegen ihren Willen streichelt, erniedrigt sie damit noch lange nicht und schon gar nicht zu einem Sexualobjekt. Wozu also macht er sie dann?

Um es maßvoll, aber deutlich zu sagen: die beiden Urteile von Zweibrücken mögen zwar nichts anderes sein als die juristische Formulierung der ganz gewöhnlichen Männerkumpanei. Doch sie sind, genau wie das, was sie nicht verurteilen, eine Beleidigung der Frauen. Niemand komme mir jetzt mit dem Hinweis, die gerichtliche Bestrafung von Sexualtätern sei ohnehin ein Mittel von begrenzter Wirksamkeit. Die Urteile sagen ja nicht: Strafen bringt nichts in solchen Fällen. Die Urteile sagen: Da ist nichts, was bestraft werden müßte. Im Unterschied zur Würde des Menschen, die laut Grundgesetz unantastbar ist, ist die Würde der Frau antastbar, im wörtlichen wie im übertragenen Sinn.

Nun wird in diesem Zusammenhang gern argumentiert, was auch immer der Mann tue, es sei nicht seine Schuld. Auch er sei ein Opfer – der herrschenden Verhältnisse, seiner persönlichen Umstände und natürlich seiner Mutter im besonderen und der Frauen im allgemeinen. Die sozialen Determinanten also, die persönliches Verhalten zumindest mitbestimmen, lassen nichts anderes zu als Gewalt, im Großen – Beispiel: der Nord-/Süd- oder der Ost-/West-Konflikt – wie im Kleinen – Beispiel: die Gewalt in der Familie oder die Gewalt im Verhältnis der Geschlechter.

Wer so argumentiert – und das sind in der Regel Männer –, übersieht einen entscheidenden Unterschied. Nicht ihnen geht es an die Würde, die Ehre, den Körper, das Leben, wenn sie über eine Frau herfallen, sondern der Frau. Dieser einen, der es gerade geschieht, und mit ihr allen anderen. Einige von uns haben bisher bloß Glück gehabt.

Im übrigen bin ich nicht mehr bereit, mir unter der

Überschrift „Täter und Opfer – auch der Täter ist ein Opfer“ eine Ideologie anzuhören, die mit Hilfe pseudophilosophischer Verrenkungen nichts anderes leisten will, als die Gewalt zu einem rein intellektuellen Problem zu machen. Zwar läßt sich jedes Thema auf diese Weise ins Abstrakte hochstemmen und damit fürs reale Leben unbrauchbar, also auch ungefährlich machen. Gerade in unserem Fall aber, in dem es um körperliche und seelische Versehrtheit oder vielleicht auch Unversehrtheit geht, beharre ich sehr altmodisch auf Begriffen wie Anstand, Sitte, meinetwegen auch Moral. Ich nehme sogar das Recht in Anspruch, selber definieren zu wollen, was das ist: Anstand, Sitte, Moral.

Berichten aus Männergruppen und von Männertagen entnehme ich, daß es dort nach anfänglichen Irritationen inzwischen wieder ganz selbstverständlich zugeht. Männer, besonders diese sogenannten „neuen“, stehen also auf und bekennen sich zu ihrer Neigung, in Peep-Shows zu gehen, Pornos zu lesen, Prostituierte zu gebrauchen. Männer bekennen sich zu dem, was sie ihre Männlichkeit nennen. Selbstverständlich, daß dazu auch gehört, schon mal hinzulangen. Ich schließe daraus, daß diese Männergruppen, diese Männerbewegung nichts zu tun haben mit irgendeiner Form von Distanzierung von dem klassischen Männerbund, in dem es ganz genauso zugeht. Offenbar ist der Mief des Stammtischs immer noch angenehmer als die kalte Luft der Veränderung. Warum sollten sie auch?

Nachrichten aus dem Inneren des Bundes:

„Wir erklären, daß sich die Herrlichkeit der Welt um eine neue Schönheit bereichert hat: die Schönheit der Geschwindigkeit. Ein Rennwagen, dessen Karosserie große Rohre schmücken, die Schlangen mit explosivem Atem gleichen... ein aufheulendes Auto, das auf Kartätschen zu laufen scheint, ist schöner als die Nike von Samotrake.

Wir wollen den Mann besingen, der das Steuer hält, dessen Idealachse die Erde durchquert, die selbst auf ihrer Bahn dahinjagt...

Wir wollen den Krieg verherrlichen – diese einzige Hygiene der Welt –, den Militarismus, den Patriotismus, die Vernichtungstat der Anarchisten, die schönen Ideen, für die man stirbt, und die Verachtung des Weibes.

Wir wollen die Museen, die Bibliotheken und die Akademien jeder Art zerstören und gegen den Moralismus, den Feminismus und gegen jede Feigheit kämpfen, die auf Zweckmäßigkeit und Eigennutz beruht."

„Was wir wollen, ist das Sexualobjekt. Der reine Körper ist Gegenstand unserer Begierde. Daß er eine Seele hat, kümmert uns nicht. Denn wir wissen, was das Gefasel von der Einheitlichkeit des Körperlichen und Seelischen von uns will: wir sollen die Lust an die Kandare der Vernunft nehmen."

Nein, hier handelt es sich nicht um das redaktionelle Konzept von Zeitschriften vom Typ „Tempo" oder „Wiener". Zwischen dem ersten Zitat und dem zweiten liegen sogar fast achtzig Jahre. Achtzig Jahre, in denen sich wenig verändert hat, nicht einmal die Sprache. Der erste Text, der Maschinen, Krieg und Zerstörung liebt und die Frauen verachtet, ist ein Teil des „Manifest des Futurismus", das F. T. Marinetti im Jahr 1909 formuliert hat. Den zweiten Text zitiert Ulrike Heider in ihrem 1986 erschienenen Buch „Sadomasochisten, Keusche und Romantiker". Geschrieben hat ihn der ZEIT-Feuilletonist Ulrich Greiner. Nur die journalistische Nutzanwendung, das, was sich publizistisch aus dem Gegenstand der Begierde, dem reinen Körper, dem weiblichen, versteht sich, herausschlagen läßt, das findet sich in diesen Blättern.

Das „Manifest des Futurismus" gilt als einer der intellektuellen Vorläufer des italienischen Faschismus. Die Liebe zum Krieg, zur Zerstörung, zum Tod ist faschistisch. Die Verachtung der Seele, der Vernunft, des Lebens, der Frauen ist faschistisch. Also sind diese neuen Varianten des alten Mannes, die die Männerbewegung schon wieder hinter sich gelassen haben, Faschisten?

Das ist eine neue Qualität, die über den normalen, den patriarchalen Autoritätsanspruch weit hinausgeht. Sie setzt auch einen anderen Frauentyp voraus als den des Patriarchats. Genügt es dem, wenn die Frauen sich in ihrer Zweitrangigkeit einrichten und bescheiden, so will der maskuline Faschismus „Statistinnen", „Requisiten" – wie es die österreichischen Autorinnen Cheryl Benard und Edit Schlaffer in ihrer neuesten Arbeit formuliert haben: „Die Patriarchen wollen die Frauen aus den Vorstandsbüros heraushalten und sie hinter den Schreibmaschinen, den Supermarktkassen und den heimischen Herden belassen. Die Macho-Schickeria aber will Frauen im Namen der tabudurchbrechenden Lust prostituieren, quälen, töten und – zumindest als anregendes Gedankenspiel – danach auch noch die Leiche schänden."

Die nach einer kurzen Zeit scheinbarer Sensibilität und Rücksichtnahme wieder zunehmende, verdeckte oder offene Gewaltsamkeit – auf der Straße, in der Zeitung, in der Werbung, auch in den Diskussionen einer angeblich aufgeklärten, angeblich linken Elite –, diese neue Qualität im neuen Mann ist es, die uns erschrecken muß. Alle roten Lämpchen sollten zu blinken beginnen, wenn wir der neuen Gewalt begegnen, wo auch immer das sein mag. Und es ist zu fragen, was Frauen dagegensetzen wollen – denn es hinzunehmen, sich anzupassen, zu denken, daß der Anfall bald vorbei sein wird, scheint lebensgefährlich.

Wie lebensgefährlich, davon können jene Frauen ein

Lied anstimmen, die sich dem Zugriff ihrer „Lebensgefährten" durch die Flucht zum Beispiel in ein Frauenhaus entzogen haben. Die Hoffnung, das Problem der Gewalt gegen Frauen dadurch allmählich zum Verschwinden zu bringen, daß es öffentlich wird, war vergeblich. Nicht weniger, sondern mehr Frauen werden geschlagen, und die Frauenhäuser werden nicht leerer, sondern bleiben überfüllt. Die Zivilisierung ist nicht vorangeschritten.

In ihrem Buch „Im Dschungel der Gefühle" kommen die beiden schon zitierten Autorinnen Cheryl Benard und Edit Schlaffer zu dem Schluß, daß es zwischen Männern und Frauen zugehe wie zwischen Nationen, verfeindeten Nationen. Wobei, so sagen sie, die Männer sich verhalten wie Militaristen – geachtet wird, wer siegt – und die Frauen wie Zivilisten – Überleben ist alles. „Männer sind, verglichen mit Frauen, eine Supermacht. Wenn wir in Frieden mit ihnen leben wollen, müssen sie abgerüstet werden."

Mit der Abrüstung, entnehme ich täglich aufs Neue der Zeitung, ist das so eine Sache. Obwohl Theorien in ausreichender Menge darüber existieren, wie Abrüstung funktionieren könnte, existiert keine Abrüstung. Weder haben die beiden Supermächte sich bisher darauf verständigen können, noch haben die jeweiligen Bundesgenossen oder Satelliten ihre Supermacht dazu bewegen können. Im Fall von Frauen und Männern aber wäre es so, als wenn ein Kleinstaat eine Großmacht zur Abrüstung bewegen sollte, die mit ihm verfeindet ist, im offenen Krieg liegt. Als wolle Nicaragua die Vereinigten Staaten abrüsten oder Afghanistan die Sowjetunion. Nichts deutet darauf hin, daß so etwas in absehbarer Zeit denkbar werden könnte.

Vielleicht aber sind überhaupt Bilder und Strategien aus

dem Bereich der Politik, des Umgangs zwischen Regierungen gar nicht die richtigen. Zwischen Macht und Ohnmacht, Herrschenden und Beherrschten gelten andere Regeln als zwischen Staaten, auch großen und kleinen, auch miteinander im Krieg liegenden Staaten.

Auch scheint es mir unpassend, angesichts der militaristischen Verhaltensweisen der Männer, die wir als schlecht empfinden, und der zivilistischen Eigenschaften der Frauen, die wir naturgemäß für gut halten, ausgerechnet die Regeln des Militärs übernehmen zu wollen. Wenn Frieden, auch der Frieden zwischen Männern und Frauen, mehr ist als die Abwesenheit von Krieg – was schon viel wäre; bisher hatten wir selten etwas anderes als Krieg –, dann können nicht ausgerechnet Kriegs- oder Kriegsvermeidungsstrategien die richtigen Mittel sein.

„Ziviler Ungehorsam" heißt das Stichwort, das ich an dieser Stelle in die Debatte werfen möchte, kurz bevor mich und andere die Hoffnungslosigkeit endgültig erstickt.

Der Psychoanalytiker und Sozialphilosoph Erich Fromm, der über die Aggression, die das Verhalten zweier Menschen ebenso bestimmt wie das zweier Nationen, viel nachgedacht hat, hat in großer Sorge um den Frieden auf der Welt auch über den Ungehorsam nachgedacht. Was er der Friedensbewegung als theoretisches Rüstzeug mitgegeben hat, ist für unseren Fall bedenkenswert.

> „Der Mensch hat sich durch Akte des Ungehorsams weiterentwickelt. Nicht nur, daß seine geistige Entwicklung nur möglich war, weil es einzelne gab, die es wagten, im Namen ihres Gewissens und Glaubens zu den jeweiligen Machthabern ‚nein' zu sagen – auch die intellektuelle Entwicklung hatte die Fähigkeit zum Ungehorsam zur Voraussetzung, zum Ungehorsam gegenüber Autoritäten, die neue Ideen mundtot zu machen suchten, und gegenüber der Autorität lang

> etablierter Meinungen, die jede Veränderung für Unsinn erklärten. (...) Jeder Gehorsam gegenüber einer Person, einer Institution oder Macht (heteronomer Gehorsam) ist Unterwerfung; er impliziert, daß ich auf meine Autonomie verzichte und einen fremden Willen oder eine fremde Entscheidung anstelle meiner eigenen akzeptiere. Wenn ich dagegen meiner eigenen Vernunft oder Überzeugung gehorche (autonomer Gehorsam), so ist das kein Akt der Unterwerfung, sondern ein Akt der Bejahung. Meine Überzeugung und mein Urteil sind – sofern sie wirklich die meinen sind – ein Teil von mir. Wenn ich diesen und nicht dem Urteil anderer folge, bin ich wirklich ich selbst."

Frauen, die sich in dieser Weise verhalten, die autonom, ungehorsam gegenüber männlicher Autorität ihre eigenen Überzeugungen leben, gelten nichts im Feindesland. Früher wurden sie als Hexen verbrannt. Heute werden sie Emanzen genannt und in die lächerliche Ecke gestellt.

Von der Friedensbewegung aber ließe sich lernen – und Frauen sind dank ihrer Sozialisation ja wesentlich lernfähiger als Männer –, daß für die Schritte in Richtung auf Erfolg zwei Dinge unbedingt notwendig sind. Erstens: sich nicht beirren zu lassen – nicht durch Spott und schon gar nicht durch Gewalt. Und zweitens: Wir müssen viele sein, am besten alle. Ein Sklavenhalter, dem die Sklavinnen davongelaufen sind, ist das Lächerlichste von der Welt.

Anmerkungen:

Erich Fromm: Über den Ungehorsam und andere Essays, München 1985.

Cheryl Benard/Edit Schlaffer: Im Dschungel der Gefühle. Expeditionen in die Niederungen der Leidenschaft, Reinbek 1987.

Schlußbemerkung

> *„Ich war, von der Gesellschaft separiert, mit einem Mann, in einem Dschungel, inmitten der Zivilisation, und ich sah, daß er gut bewaffnet war und daß ich keine Waffen hatte."* (Ingeborg Bachmann)

Wäre Franza nicht so allein gewesen, vielleicht hätte sie dann überlebt. Frauen wie Ingeborg Bachmanns Franza gibt es auch heute noch, die, unbewaffnet wie sie sind, keine Chancen haben gegen den waffenstarrenden Aggressor. Daß die Franzas weniger werden in unserer Gesellschaft, daß sie nicht nur überleben, sondern mit erhobenem Haupt leben können, das war – und ist – eines der Ziele der Frauenbewegung. Das ist auch eines der Ziele der Artikel in diesem Buch.

Die Frauen, die sie geschrieben haben, sind keine Männerhasserinnen. Keine von ihnen hat vorgeschlagen, die Lösung des Problems sei die Abschaffung der Männer. Was sie aber sehen und mit allen Mitteln verhindern wollen, ist, daß die Männer sich selbst abschaffen, wenn sie so weitermachen, und uns und die gemeinsamen Kinder gleich mit.

Zu den den Frauen zugeschriebenen, von den Männern ganz unten wie ganz oben außerordentlich geschätzten Eigenschaften gehört die Fürsorglichkeit. Für andere zu sorgen, dazu sind wir seit einigen hundert Jahren erzogen worden. Das hat die herr-schenden Verhältnisse außerordentlich stabilisiert. Die Verhältnisse sind erst ins Wanken geraten, als Frauen begannen, nicht ausschließlich für andere zu sorgen, sondern auch für sich selbst. Seitdem ist die Männerwelt, nun, nicht gerade aus den Fugen, aber doch stark irritiert. Und, wie Elfriede Jellinek das einmal formuliert hat: Das Imperium schlägt zurück.

Daß Frauen „Nein" sagen könnten, ist im System nicht vorgesehen. Wenn sie nein sagen, wird es nicht zur Kenntnis genommen. Das ist nicht nur bei Vergewaltigungen so. Oder andersherum gesagt: jedes Nicht-zur-Kenntnis-Nehmen eines von uns gesagten „Nein" ist eine Vergewaltigung.

Einzeln können wir uns nicht dagegen wehren – siehe den Fall Franza. Was wir versuchen müssen, ist, gemeinsam die Macht den Männern wegzunehmen. Wir wollen die Macht nicht? O doch, wir wollen nur jene Macht nicht, die im Augenblick die Welt beherrscht. Eine andere als die mit Gewalt verbundene Macht gebe es nicht? Es gibt sie.

Die Frauenbewegung hat stets das traditionelle, also männliche Verständnis der Macht und ihrer Herrschaftsinstrumente kritisiert. Ein anderes Verständnis davon können wir von einer Frau lernen, die, würde sie heute noch leben, auf die Frage, ob sie eine Feministin sei, wahrscheinlich antworten würde, das habe sie nicht nötig. Für Hannah Arendt ist Macht der absolute Gegensatz zur Gewalt. Macht bedeutet für sie die nur dem Menschen verliehene Möglichkeit, gemeinsam mit anderen zu handeln.

„Zu den entscheidenden Unterschieden zwischen Macht und Gewalt gehört, daß Macht immer von Zahlen abhängt, während die Gewalt bis zu einem gewissen Grade von Zahlen unabhängig ist, weil sie sich auf Werkzeuge verläßt... Macht entsteht, wann immer Menschen sich zusammentun und gemeinsam handeln.“

In diesem Sinn sollten wir uns nicht davor scheuen, Macht zu bekommen. Gedanken sollten wir uns nur machen über den Gebrauch der Macht. Es ist ja durchaus vorstellbar, daß sie zu benutzen wäre, um eine andere Welt, eine andere Gesellschaft zu bauen. Eine, in der Frauen wie Menschen leben können. Und Männer und Kinder auch.

H.S.

Die Autorinnen

HALINA BENDKOWSKI, geboren 1949, Soziologin. Aktiv „gegen Gewalt gegen Frauen" und im Berliner Weiberrat.

LUISA FRANCIA, geboren 1949, Schriftstellerin und Filmemacherin. Seit etwa zehn Jahren beschäftigt mit weiblicher Spiritualität und Magie. Lebt und arbeitet in der Nähe von München und darüber hinaus.

SARAH HAFFNER, geboren 1940 in Cambridge, aufgewachsen in London. Studierte Malerei an der Kunsthochschule Berlin und machte 1975/76 einen Fernsehbericht und ein Buch über die Mißhandlung von Frauen. Lebt als freischaffende Malerin in Berlin.

MARIA NEEF-UTHOFF, geboren 1947, Autorin – Beiträge in verschiedenen Anthologien und Zeitschriften – und Redakteurin im Frauenressort der „taz". Lebt in Berlin.

HEIDE PFARR, geboren 1944, Professorin für Arbeitsrecht und Bürgerliches Recht an der Universität Hamburg. Mitglied der SPD und der ÖTV und engagiert gegen die berufliche Diskriminierung von Frauen.

CLAUDIA PINL, geboren 1941, Feministin, Journalistin, zuletzt bei der Bonner Redaktion der „taz". Seit 1986 Mitarbeiterin des Arbeitskreises Frauenpolitik der Grünen im Bundestag.

HELKE SANDER, geboren 1937, Schauspielerin, Autorin, Regisseurin, Professorin an der Hochschule der Künste in Hamburg. In den siebziger Jahren Mitglied der Berliner Frauengruppe „Brot und Rosen". Hielt im SDS jene berühmte Rede, mit der die Frauen die Mitarbeit beim linken Kampf aufkündigten und begannen, sich selbst zu organisieren.

HILKE SCHLAEGER, geboren 1938, Soziologin. Seit 1963 journalistisch tätig, seit 1970 Rundfunkredakteurin in Berlin.

HEIDE SOLTAU, geboren 1949. Lange Jahre Krankengymnastin, dann Studium der Literaturwissenschaft, Referendariat, Promotion. Seit 1983 Lehraufträge. Lebt die meiste Zeit des Jahres als Journalistin in Hamburg. Engagiert in der Frauenforschung und -literatur.

GESINE STREMPEL, geboren 1940, lebt und arbeitet als Rundfunkjournalistin und Übersetzerin in Berlin. In den siebziger Jahren Mitglied der Gruppe „Brot und Rosen". Bereitet sich – darauf legt sie Wert – auf die Wendezeit vor und ist weiterhin subjektiv, parteilich und lohnabhängig.

BARBARA WAHLSTER, geboren 1954. Studium der Philosophie. Lebt seit 1983 als Journalistin und Übersetzerin in Berlin.

ERIKA WISSELINCK, geboren 1926, war lange Jahre als Journalistin und in der Erwachsenenbildung in der Frauenarbeit tätig. Übersetzerin von Mary Daly („Gyn/Ökologie" und „Reine Lust") und Autorin der Bücher „Frauen denken anders" und „Hexen. Warum wir so wenig von ihrer Geschichte erfahren und was davon auch noch falsch ist". Lebt in der Nähe von München.

SABINE ZURMÜHL, geboren 1947, Germanistin und Romanistin. Mitbegründerin und Redakteurin der „Courage". Lebt als freie Journalistin in Berlin.